心の哲学への誘い

AN INTRODUCTION TO THE PHILOSOPHY OF MIND

河村次郎 著

心の哲学への誘い＊目次

心の哲学への誘い

序

生命あるものは必ず死ぬ。そして死を意識し自らの有限性を自覚する者は「心」をもつ。しかるに生命は自然の贈与であり、個体は死をもって生命の大いなる連鎖に寄与する。このような考え方は賛同されるとともに強烈な反感をもたらさずにはいない。賛同派は自然主義の傾向を誇示し、反対派は普遍性に還元（解消）されない個別性に固執する。この対立は古来、様々な次元で多様な様相を帯びて現れてきた。そして、それは哲学と科学の境界を貫いた、人間存在の根本現象に関する思想的対立を象徴している。つまり、その対立は学以前の生活世界の根本構制に淵源しているのである。

「心」は一般に個別性と主観性を象徴するものとみなされているが、本当はそれには尽きない。動物の母親が命がけで自分の子供を守る姿を見てみよ。そこには心の生命的脱自性の自然的原型がほとばしり出、反省的主観によっては捉えきれない「心の自然態」が現れている。それゆえ、それを見た者は心を内面的主観性に括り込む自らの傾向を悔い改めるのである。

我々人間は社会的生物であり、他者との交渉に常にさらされている。自己と他者の関係は哲学と心理学に共通の根本問題であるが、それはもともと生物社会の群生様式に根差しており、そこから生じた生態学的生命の本質を象徴している。心の哲学は、この生態学的生命を視野に収めつつ「他者との交渉から反照する自己」を考察の原点に据えなければならない。

現代は脳と心の科学の時代と呼ばれ、心の座を脳に据える傾向はいよいよ実証性を帯びて進展している。この傾向は一見頼もしいが、それを包む暗雲の存在もまた否定できない。心と脳の関係を考える心脳問題には哲学者のみならず先端科学者も関心をもつが、認知神経科学の進歩によって意識の神経相関項の解明が進むにつれて、別の問題が頭を擡げてくることを先端科学者たちは自覚している。もちろん楽天派も多いが、哲学的（形而上学的）次元に眼を開く人もけっこういる。しかし、ここで眼の開き方が問題である。旧来の精神と物質の二元論に逃げ込んでは先祖返りであり何の進歩もない。モノとココロの対立ではなくモノとコトの関係を基点に据え、心の座を脳に限定せず、その外延を身体と環境まで拡大してシステム論的に捉えなければならないのである。これは、脳を生命システムの一要素にすぎないものとみなし、唯脳論的傾向を打破して、心を環境の中で生きる有機体の存在様式から理解する方途を示唆する。

「意識はモノではなくてプロセスである」とはウィリアム・ジェームズの名言であるが、このプロセス的性格を、身体的行為によって環境世界に関与する意識的有機体の生命感覚に即して捉えることが肝要である。この生命感覚は、自己身体運動感覚と連動するものであり、我々各自に「私は刺激に対して反応するだけのゾンビではない」という自覚を付与しつつ、自由意志の生き生きとした質感を生ぜしめる。心の哲学は、この契機を考察の原点に据えなければならない。

心の哲学は、心理学とは違い、人間存在の全体性を視野に収め、その本質の解明を目指すものである。

それはまた経験的事実や諸科学の成果を鵜呑みにすることなく、それらの発生基盤や妥当性を考察・吟味することを趣旨とする。そこで、それは必然的にメタサイエンスという性格を帯びることになる。しかし、これが反科学主義を意味しないのは言うまでもなかろう。実際、心の諸科学との対話は心の哲学の熟成にとっての重要な契機である。ちなみに、ここで言う心の諸科学には脳科学（神経科学＋認知科学）とともに臨床医学の一部門たる精神医学と心身医学も含まれる。これらはすべて本書の題材となっている。

また「〈私〉とは何か」という周知の問いももちろん取り上げられ、意識と自我の奥深い本性が抉り出される。そして心脳問題の中心的テーマたるクオリアの問題も深く吟味され、感覚と認知に関して一般的理解を超える考察が展開される。さらに人間的生死の問題から生物学的生命のメカニズムにまで及ぶ「いのち」の概念が、自然の本性に定位する生態学的生命論の視座から照射される。これによって「心の哲学」は「心と生命の哲学」へと拡張されることになる。その次に考察されるのは自由意志と身体性の関係であるが、その際従来の決定論と精神主義の対立を生命システム論に向けて乗り越える姿勢が打ち出される。そして最後の考察は、締め括りとして、現代人の関心の的たる「脳と心の関係」に収斂する。

ちなみに、最初に論じられるのは心の哲学と心身問題の内実と課題である。これが本書全体の議論の導入役を果たすのは言うまでもないが、それは同時に「心の哲学」が実は「心身問題の哲学」であるということを確認してもらうという意図も含意している。このことは銘記しておいてほしい。

筆者は一二年ほど前から心身問題の研究に着手し、間もなく心脳問題と英米の心の哲学にも視野を広げ、それに関する数冊の著書を刊行した。本書の論述は、基本的にこれらの研究成果を整理し換骨奪胎した上で、再構成したものであるが、そこには新しい思想の創発もある。つまり、以前にはまとまりのつかなかった問題や気づかなかった契機が改めて浮かび上がってきたのである。それが、どういうものかは本文を読んでもらえれば分かるが、とにかく要素の複合は、単なる線形的加算以上のものを創発せしめるのである。これは自分のかつて書いた文章の行間から「考えるべき事象そのもの」が呼びかけてくる、と比喩的に語ることができる事態でもある。筆者にとって「創発（emergence）」というのは宝物のような概念である。

なお、本書は一応、心の哲学の入門書を意図して書かれているが、一般の入門書に見られる初心者向けの叙述にはなっていない。もちろん専門学術書のような難しい叙述は避けてはいるが、無理にくだけた表現を使ったり、専門用語をほとんど日常語に置き換えたりするような操作はしていない。筆者は長い間大学の教養科目の「哲学」を担当しており、この程度の論述なら、思考力のある一般の人には十分理解していただけると思ったからである。それゆえ本書は、初心者はもとより、けっこう知識のある人にも満足いただけるような内容になっているはずである。いずれにしても心身問題と心脳問題に興味のある人、ひいては人間や生命の本質に関する哲学的考察に関心をもつ人が、本書から何らかのことを学び、自らの思索の糧にしてもらえれば、それは筆者にとって最高の僥倖である。

第1章　心の哲学とは何か

まず初めに「心の哲学」とは何かを論じることにしよう。最初に取り上げられるのは歴史的背景である。それから心の哲学が何でないか、そしてその正体は何なのかを説明することにしよう。

一　歴史的背景

西洋の哲学は二六〇〇年ほど前にギリシャの地で生誕を迎えた。その際、探究の眼差しは、とりあえず自然の根本原理に向けられた。そして万物の始原（アルケー）が論じられ、土、水、火、空気といった質料的なものが最初にその候補に上がり、次いでアトム、無限定なるもの、ヌース（知性、精神）といった準形相的なものが注目された。しかし人間的自己の問題に関連する「心」の概念は、なかなか着目されなかった。ソクラテスは、そのことに憤りを覚え、人間的生き方の問題に定位した「善」の原理の探究に着手した。つまり彼にとって哲学（philosophia＝愛知）とは「善く生きること」の根本原理の解明にほかならなかったのだが、これは人間的自己の問題に直結し、結果として「心」の問題に収斂する。ただし、その際焦点が当てられたのは、今日の心理学が対象とするような客観的心理法則ではなく、主体的な「善なる生」を根拠づける自由意志の理念であった。そして、これは物質的身体の生理的因果性に束縛されない精神の理性的自律性を象徴するものであった。このことが心身問題に関連することは、次章で説明することにしよう。

ソクラテスの哲学姿勢はプラトンに引き継がれ、精神的原理の物質的自然に対する優位は揺るぎなきものになったかに思われた。しかしプラトンの反骨の弟子であったアリストテレスは、ソクラテス以前の自然哲学の傾向と師の精神主義的哲学の対立を調停する方向に進み、その観点から「心」の本性を見届けようとした。そしてできあがったのが『心について（*Peri Psyches*）』という著作である。この本の中でアリストテレスは「心（プシュケー）」というものを生命と結びつけて、自然主義的に論じている。彼がギリシャ哲学の集大成者であるとともに生物学の創始者であることはよく知られているが、心の本性を生物の存在様式である生命と結びつけて論じる姿勢は、今日の心脳問題の観点から見ても、極めて意味が深い。

ソクラテスとプラトンの立場は心身二元論的なものであり、アリストテレスの思想は心身一元論的なものであると言えるが、西洋の哲学は「心」の問題に関しては、中世以降、比較的二元論に傾斜する様相を呈して進展してきた。なぜなら「心」というものが「内面的意識」の現象に収斂し、生物学的生命に関連させる姿勢は事の本質を突いていないかのように思われたからである。この傾向は中世のアウグスティヌスにおいて興隆の兆しを示し、一七世紀のデカルトにおいて頂点に達した。そして、その余波は今日にまで及んでいる。

デカルト以後、「心」の問題は意識と経験の問題との密接な関係に置かれ、もっぱら哲学の内部で論じられてきた。その際、イギリス経験論と、カントからフッサールに至るドイツ哲学の思想的対立が象徴的である。前者は基本的に自然主義的で経験科学としての心理学を後に派生させることになったが、後者は超越論的で「対象化できない主観」という観点を堅持した。またフランスではデカルトの姿勢を汲む心身哲学の傾向が伝承された。

こうした近代哲学の系譜を受けて二〇世紀に英米で生まれたのが「心の哲学（philosophy of mind）」である。つまり、前世紀の英米の哲学界で、初めて「心の哲学」というものが辞書項目となるような明確な地位を獲得したのである。そして、それは今日「認知神経哲学」という、より洗練された形態をもって現代哲学の主潮流を形成するに至っている。その中心人物の多くは現代脳科学に精通し、心脳問題をめぐって先端科学者たちと対等の議論を繰り広げている。

以上が西洋哲学史における「心の哲学」の生成過程の概略である。この極めて簡略化された生成史から看取されるべきなのは、「心の哲学」というものが既に二六〇〇年前にソクラテスによって創始されており、その後の長い論争を経て、前世紀に哲学の中心舞台に躍り出たということである。また、一見傍流を形成したかに思われるアリストテレスの生物学的自然主義の存在の意味も斟酌しなければならない。「心」の概念を「主観的意識」の私秘性と非物質性に括り込む傾向は、哲学の一流派の中心論点となっているのみならず、科学者を含めた一般人の反省されざる前提ともなっている。前世紀の英米の「心の哲学」は、実は古典経験論の観点を踏まえて、この傾向を打破しようとしたのである。ライルの論理的行動主義がデカルト的幽霊を駆逐しようとしたことは記憶に新しいであろう。もちろんネーゲルのようなミステリアンもいるが、そうした人とてかつての実体二元論に還帰することはもはやない。アームストロングの主著の題名『心の唯物論』が示唆するように、現代英米の「心の哲学」は基本的に唯物論的である。

このことは哲学界の動向に疎い人々にとっては驚愕の事実かもしれない。なぜなら彼らにとって「心の唯物論」というのは「木製の鉄」のような矛盾概念のように受け取られるからである。しかし実はここが味噌なのである。

二　心の哲学は何でないか

専門的な哲学書を読んだことがなく「哲学」について漠然としたイメージしかもっていない者は、哲学を人生論や世界観として受け取りやすい。そうした者が「心の哲学」という言葉を聞いた際に連想するのは、「人生に指針を与えてくれる心のこもった教訓」といったものであろう。実際、書店に行くとそうした教訓をたれた通俗本が山積みになっている。しかし、その類いの本が哲学書のコーナーに置かれていることはあまりない。特に大型書店の専門書コーナーにおいてはそうである。哲学は人生論ではなく、高度に理論化された知の体系であり、認識論と存在論と心身問題を探究の対象とする人文科学の一分野である。また、自然科学を中心とした諸科学の理論的基盤を吟味する科学哲学という分野も存在するが、これなどは通俗的な「哲学」のイメージから最も隔たったものであろう。しかるに英米の「心の哲学」は、実はこの科学哲学的性格が強いのである。つまり「心の哲学」は心理学や脳科学の理論的基盤を吟味しているのだが、その際、伝統的な心身問題の思考枠組みが応用される。また認識論や存在論や論理学の手法も随時使用される。

こうした理論的武器を駆使して心の問題を論じる哲学の一分野は、平たく言えば理屈っぽいので、愛や友情についての人生論的教訓を期待する者は、ほとんど出鼻を挫かれるのが実情である。しかし面白いことに、そうした者の中には脳科学を素直に受け容れる人もいる。彼らは哲学に科学にはない実践的で生活密着的な知恵を期待しているのだが、科学哲学的な「心の哲学」はそれに応えてくれないのである。特に今日のアメリカの認知神経哲学などは前衛的で、その主要文献を読むと認知科学や神経科学の本と区別がつきがたいほど科学的議論に満ちている。

ここでとりあえず「科学的議論」と言ったが、それは初心者が抱きやすい感想を予想してのことである。つまり便宜的配慮から、そう言ったのである。厳密には「科学基礎論的議論」という表現がふさわしい。科学的議論と科学基礎論的議論は違う。後者は明らかに哲学的である。そしてこの「哲学的」ということは「心身問題的」ということを意味する。しかるに心身問題は、ソクラテスの問題提起において顕著なように、人間的生き方と自由意志と自我の問題に深く関与する。そうすると「心の哲学」は、あながち人生論とも無関係ではないように思われるかもしれない。事実、現代英米の心の哲学者の中には、厳密な議論の合間に人生論的話を挿入する者もいる。しかし主流はあくまで科学哲学的議論である。そして、その基礎の上に存在論的ないし形而上学的議論が続く。

哲学というものは、個別科学と違って全体性というものを志向する。たとえば、生物学は生命をもった存在者の領域を、物理学は物理的存在者の領域を、社会学は社会的存在者の領域を、心理学は心的現象の領域を、それぞれ研究対象とするが、哲学は領域的存在を統合して普遍的存在論を構築しようとする。つまり哲学は統一科学（unified science）なのであり、その模範形態は古代のアリストテレスの第一哲学であった。彼の第一哲学というものは、物理的自然界の始原とともに存在を存在たらしめる根本原理の探究を意味した。そして後の編集者は、それに「形而上学（metaphysica）」という名称を付与した。「形而上学」という言葉は、超感覚的世界に関する思弁を連想させやすいが、アリストテレスの思想体系に照らして言うと、むしろ「続・自然学（meta-physica）」という意味合いが強い。事実、彼は自然哲学の土台の上に、あるいはその延長上に、存在そのものの理論を構築したのである。その彼が書いた『心について』という本は、そうした自然主義的姿勢を体現しており、現代英米の心の哲学の科学哲学的性格に親近性をもっている。特に、生物学的自然主義を標榜するサールは彼に直結する哲学的態度を表示している。またプロの神経生物学者を兼務する女流哲学者パトリシア・チャーチランドは、アリストテレスを自らの神経哲学の偉大な先輩とみなし、その自然主義的姿勢を高く評価している。ちなみに彼女が目指しているのは「心と脳の統一科学」である。

以上の叙述から「心の哲学とは何でないか」は、自（おのず）と見えてきたはずである。そこで次はそのポジティヴな規定をする番である。

三　心の哲学の正体

心理学は心的現象の領域を研究対象とするが、心の哲学は心的現象をそれが現出する世界の諸領域に関連づけて考察する。現出の場としての世界は、大きく分けて物理的自然界と社会的環境に分けられる。このうち古来、存在論的考察においてまず着目されてきたのは前者との関係である。そしてそれは「自然における心の地位」とか「物理的世界における意識の存在」という題目の下に論じられてきた。また、近代以降、社会における個人の地位が向上し、個の自覚とそれを取り巻く社会的環境の関係が人々の関心を引くようになるにつれて、「自我と社会」という問題が「個と普遍」という契機を携えつつ勃興してきた。これは心的現象をそれが生起する社会のシステムから見ていこうとする姿勢を意味する。

ところで「心」は優れて人間的現象である。しかるに人間存在は自然的側面と社会的側面の両義性をもっている。つまり人間は、一方でDNAという高分子を基盤とする遺伝システム（ゲノム）によって形成された「生理学的物質系」という側面をもち、他方で人間関係や社会制度の網の目の中に埋め込まれた「社会的存在」という側面をもっているのである。ただし、この区分けは暫定的なものであり、両側面は生命的次元において統合される。「生命（life）」とは、生物学的概念であるにとどまらず、他者との共存という社会生活の次元も示唆し、さらには死を意識する個人の実存的次元（死生観）も含意する広範な概念である。

「心」にしろ「生命」にしろ、個別科学はその意味を深く考えずに、あるいはその概念を明確に規定しないまま、それらを領域的現象の探究の端緒に据えている。心理学や認知科学、さらには精神医学や脳科学は、はたして本当に人間の「心」を解明しているのだろうか。また、分子生物学や進化生物学を中心とした生物学系の科学は、どこまで「生命」の本質に届いているのだろうか。こうした疑問は、「他から知りえない自分の心」とか「死に直面した際の実存的苦悩」に思いをめぐらせると切実なものとなる。そして、この想念を無際限ないし野放図に推し進めると神秘主義とか宗教的超越主義に傾く破目になる。我々は、こうした主義にはまることを是非とも避けなければならない。個別科学が領域的存在論にとどまっていることを批判するのはかまわないし、個人の心の唯一性とか自己の生の実存的次元に興味をもつことも一向に差し支えないが、軽薄な反科学主義に突き進むことだけは回避すべきである。その思考態度は、主体的というよりは擬似客観主義的であり、似非科学としてのオカルト主義を引き起こす元凶となる。その際立った例がオウム真理教であることは記憶に新しいであろう。

　心の哲学は、個別科学的研究に先立って「心」の概念を明確に規定する作業を請け負う。その際、「物質」という対概念との関係がまず考察の俎上に載せられる。「心」（ないし「精神」）と「物質」の対置は、人間的思考のあらゆる場面に現れてくる基本的契機である。それは、哲学や諸科学という高度な理論的思考においてのみならず、一般人の日常生活の節々で機能している。だから「心の科学なんてありえない」とか「脳は物質だから精神現象を生み出すわけがない」とか「精神病を薬で治すなんて」とかいう発言が民衆の間に飛び交うのである。こうした発言は、次章で説明する心身二元論を前提としているが、言っている本人はたいていそのことに気づいていない。

心の哲学の使命の一つとして、こうした無反省な心身関係の理解を破壊して、真の物心関係論に目覚めさせるということがある。ちなみに、多くの人は「物質」の方が心や精神よりも堅固な概念であり、それが指し示すものは実在性において後者をはるかにしのぐと思い込んでいるが、それは一種の信仰に近い。つまり、彼らは「物質」の存在を論証した上で、その概念を使用しているわけではないのである。

たとえばホワイトヘッドは、「物質」という概念が虚構のものであることを物理学出身の自然哲学者の立場で熱弁した。彼によると自然界で現実に存在するのは、時空によって規定され他の物理的契機と切り離しえない「有機的事象複合体」であり、基本的に粒子的ではなく出来事的で過程的な要素である。彼の思想は非常に難解なので、ここではこれ以上立ち入らないが、自分の身の回りをよく見渡してほしい。現実に存在するのは、巨視的レベルでも、「他との関係に置かれた諸々の事物」であることが分かるであろう。「物質」そのものが散在しているわけではないのである。我々は果物屋に行って「物質」を買うのではなく、リンゴやバナナという個々の果物を買うのである。そこに行き着くまでは道路や信号機がサポートしてくれるし、貨幣を受け取ってくれる店員もいる。こうした関係的な有機的社会の中に物質的契機が一要素としてあるのであり、一切に先立って「物質」なるものがその他のものを根底から支えているなどということはないのである。心の哲学は、このようにしてナイーヴな存在論的先入見を破壊することを使命とする。

心の哲学はまた、「心」という概念のナイーヴな使用法にも批判の矢を向ける。その際、伝統的な主観と客観の関係理解の枠組みが応用されるが、それに尽きるわけではない。伝統的な二元論の考え方では、主観と客観は相容れない矛盾概念として規定される傾向が強いが、現代英米の心の哲学では、むしろ主観―客観の対置図式の虚構性を暴き立てる傾向が有力である。この傾向は二〇世紀前半に既にジェームズ、ホワイトヘッド、ハイデガー、メルロ＝ポンティという傑出した哲学者の思想に現れていたものであり、それはある意味で古代のアリストテレスの生物学的自然主義を現代に復興させたものとみることもできる。しかし、やはり心の哲学の出発点にあるのは主観と客観の明確な対置であり、「主観的客観」とか「客観的主観」といった混乱した観点に対する批判的態度である。

たとえば神経科学者が、被験者の脳の神経過程を観察して得られたデータから直接彼の意識内容を推察しようとするなら、それは越権行為（主観の客観化）として断罪される。他方、脳科学はそもそも人間の心を解明できないとする独断的態度や精神医学はインチキだとする臆見は、客観的研究の公共性と堅実さを蔑ろにする主観的判断として、これまた断罪される。心の哲学は、科学基礎論としてこうした態度のすべてを批判しなければならない。

主観―客観対置図式の克服は、心の哲学の上級コースの課題であり、言わば最後に取って置かれるべき御馳走である。初心者は、まず主観と客観の混同を戒める態度を学んだ方がよいであろう。

いずれにしても心の哲学は主観と客観の関係を吟味し、それと並行して心と身体、ないしは精神と物質の関係を考察する。その考察は基礎的概念分析から出発するが、順次神経科学や認知科学や生物学や精神医学といった個別科学のデータも参照する。また哲学史上の先行する議論も重要な題材となる。さらには日常生活で起こることも貴重な話題を提供してくれる。それに食い入る現象学的眼差しの彫琢は心の哲学の大きな武器となるであろう。

以上の説明で大体気づかれた人も多いと思うが、心の哲学は基本的に「心身問題の哲学」なのである。現代英米の心の哲学は、まずそうだと言ってよい。その先駆形態は分析哲学における概念分析的手法にある。ライルの主著『心の概念』で示された方法がその代表例だというのは知る人ぞ知ることであるが、何かパズル解きのような様相を呈しており、生きた人間の心を本当に扱えているのだろうか、という疑念は消しがたい。それに対して、独仏の現象学における意識や心身問題の扱い方は、人間的生の本質に食い入ろうとする姿勢が濃厚である。そしてアメリカ哲学でも分析哲学とは別系列のプラグマティズムの思想家たちは、意識や自我の問題を、生命的—社会的文脈で取り扱い、生きた人間の心を論じている様子が明確に窺われる。ジェームズとデューイとミードがその代表人物であるが、二一世紀の心の哲学は、現象学とともに彼らの思想を取り入れて大きく成長することが望まれる。

中でも重要なのはジェームズである。彼は医学博士の学位をもち、時代的制約を抜きにすれば、おそらく哲学者の中で最も脳の構造と機能ならびに人体の生理学的過程に通じていたと言えよう。そうした点でも傑出しているが、さらに繊細な文科的素養をもち合せ、人生問題に対する鋭い洞察眼を有していたことは、彼の思想を心の哲学の最高位に置くことに躊躇を感じさせない。また心理学者としての業績や意識と経験に関する形而上学的考察の精緻さも見逃せない。彼は、ときに「人生の苦悩に関する具体的真理を語る哲学」を称揚する。他の人が語ったら薄っぺらに感じられる言葉でも彼が語ると重厚に感じられるから不思議である。また名著『宗教的経験の諸相』に示された科学的心理学の精密な方法と人間心理に関する深い洞察は、今後心の哲学の糧として受け入れられていくことが期待される逸品である。

とにかくジェームズのことを考慮すると、人生論的議論もあながち捨てたものではないように思われてくる。心の問題は生命の問題と本来切っても切り離せない関係にあり、「心の哲学」は「心と生命の哲学」に拡張されるべきなのである。

先に哲学は領域的存在論を超えて個別科学を統合する普遍的存在論としての統一科学であるべきことをほのめかしたが、今日の学問的状況を顧慮するとそれはほとんど不可能である。個別科学の高度専門化が進みすぎて、複数の科学の成果を踏まえたシステム論的議論に限界が見えてきたのである。しかし、たった二つか三つの科学の関係を考察して統合的理論を打ち立てることでも十分な成果は期待できる。特に心身問題の考察のためには、それで間に合う。筆者は精神医学と脳科学との対話を長年続けてきたが、最近は進化論と生命論にも興味をもっている。とにかく視野を広げて経験科学と対話することが、心の哲学を実り豊かなものにするのである。筆者の心身論と意識理論は、ささやかながらリハビリテーション医学の一グループに影響を与えている。

「心ってそもそも何なんだろう」「心なんてない方が悩まなくてすむからいいじゃないか」「でもやっぱり心のことが気がかりだ」という感慨を抱く人は既に心の哲学の世界に半歩踏み込んでいるのである。そして「精神と物質の関係って、どう考えたらいいんだろう」「脳科学が流行っているけど、心の問題ってそれで解決するの」「人工知能が人間的心を獲得できるって本当かなー」という疑問を抱いたら両足を棺桶ならぬ心の哲学の世界に入れているのである。さあ、あなたはもう抜け出せない。覚悟を決めて心と生命の問題を考え抜くことにしよう。なぜなら心の問題は死ぬまであなたについてまわるからだ。

練習問題

(1) 心の哲学が心理学と違うのは、いかなる点においてであろうか。

(2) 心の哲学が心身問題の哲学であるとは、いかなることであろうか。

(3) 人間の本質を諸科学の成果を統合しつつ論じるのと、自分の直接的体験から語るのとでは、どちらが信頼できるであろうか。特に、どういう面でどちらが信頼できると言えるだろうか。根拠を示しつつ説明しなさい。

(4) 次のような考え方はいかなる点で誤っているだろうか。「人間各自の心は本人にしか分からない。だから心の客観的科学というのは矛盾概念であり、あったとしても役に立たない。また、哲学は経験科学のような着実な成果は何一つ残していないし、そもそも実用性がない。だから心の哲学なんて絵に描いた餅のようなものだ。とにかく心の問題は科学と哲学の守備範囲の外にある。また科学と哲学に接点などないし、あったとしてもそれは心の本質の解明には寄与できない」。

(5) 本章に出てきた一六人の哲学者のうちの何人かについて調べてみよう（とりあえずインターネットの検索エンジンを使ってもよいから）。

第2章　心身問題とは何か

「心とは何か」という問いは、心をその対概念たる物質から際立たせたとき、より深い方向に向かう。そして心と最も密接に関係する物質は我々各人の身体である。心と身体の関係を問うことは古来哲学の根本課題であり、それは心身問題と呼ばれる。

では心身問題とはどのようなものであろうか。一体それは何を解明しようとしているのだろうか。その意義はいかなる点にあるのだろうか。それについて次に考えてみよう。

一　精神と物質

我々日本人は日常、「心」という語と「精神」という語を使い分けている。そして、この使い分けには、それほど厳密性はない。文脈や語呂に合わせて使い分けている、というのが実情である。ただし両語のニュアンスの違いに気づいている人も多く、その違いを理解して物事の説明に組み込める人もいる。それでは、その違いとはいかなるものであろうか。

「心」は、どちらかというと機能的な概念で、心理的因果関係を表示させやすい傾向をもっている。それに対して「精神」は、個人の人格的核心や民族の存在価値を示唆し、物理的であれ心理的であれ、因果的なものに吸収されない自律性を含意している。我々は、動物に百歩譲って「心」を認めるが、それに「精神」を認めることは決してない。また、自分の心を客観的に分析されることに関しては、反感を感じつつもその妥当性を認めるに吝かではないが、自己の精神に関してはそれを却下する。なぜなら、「精神」は因果性に制約されない理性的自律性を象徴するものであり、その尊厳は物理的因果性ごときによっては侵略されえない聖域である、と思い込まれているからである。そして心理的因果性も物理的因果性の亜種として軽視される。特に無意識の心理機制を論じる立場は嫌われる。

要するに「精神」は理性的自律性、つまり自己による意識的制御に準ずる「自由」と密着した語なのである。つまりそれは、動物的で肉体的な欲求や生理的因果性に逆らって自由な行為を可能ならしめる人間的特質を象徴している。だから、自分の行為や悩み事を心理学や精神分析学によって説明されることに憤りを感じるのである。脳科学による説明などもってのほかであろう。

西洋哲学における心身問題の最初の提題者たるソクラテスは、まさにこの理性的自律性としての精神の働きを生理的因果性に対置することによって、議論の火種を起こした。周知のように、彼は因習的な職業学者（ソフィスト）の無思慮で軽薄なやり方を批判して、独自の「善なる生き方」を探求していたが、この姿勢が青年を悪い方向に導くものとして告発され、ついに死刑に処されることになった。そして刑の執行を待つ牢獄の中で彼は、弟子による脱獄の誘惑を退けて、アテネの一市民として法律に従うことを決意したのである。

ところで問題なのは、この精神的態度としての「決意」が生理的因果性に全く影響を受けない、とする彼の思念である。つまり、生理的ないし物理的な因果関係の説明では、ソクラテスが牢獄の中に座って死刑の執行を待っているという行為の原因は、骨と腱と関節と筋肉による姿勢の制御にあり、その根底には全身の生理学的組成がでんと控えているからだ、ということになる。しかしソクラテスはそうした唯物論的説明に全く意義を認めず、自己の行為の真なる原因は、アテネの人々が自分に死刑を科し、それを自分が受け入れたことである、とする精神主義的立場を表明する。

唯物論と精神主義のこの対置法は極端なものであり、こうした場面に出くわしたときの我々の説明方法は、現実的にはもっと折衷的なものであろう。しかし実はここが味噌なのである。多くの人が心身問題に眼を開けないのは、ソクラテスのような強い対置法を想定できないからである。そうした意味で、精神と物質の厳格な対置は心身問題というものに興味をもつための強力なきっかけとなるのである。とはいえ、それは自然の定めから逸脱した空虚な思弁に堕す危険性も孕んでいる。「心身問題の設定者はわざと答えが出ないように問題を設定している」とか「心身問題は不毛である」とか言われる理由はここにある。

それでは、この危険性から逃れる術はどのようなものであろうか。それは、「精神」よりも機能的説明になじみやすい「心」の概念に定位して、それと「身体」の関係を問うことである。精神と物質の対置は極端な議論に導くことが多いのに対して、心と身体の関係に定位すると、より穏当で生産的な議論を展開できるのである。しかし、その際に人間の尊厳としての理性的自律性は決して蔑ろにされることはない。

二　心と身体

精神の理性的自律性は、無意識の心理機制や身体の生理的因果性に支配されない次元を示唆するが、「心」は情動を介して身体的自然との豊かな統合性を実現している。人間の心は基本的に知・情・意の三要素から成り、知性のみ独り歩きする頭でっかちなものではない。情と意は生命感覚から発出するものであり、身体の生理的活動と密着している。ちなみに生命感覚は、「他者との共存の感覚」と「身体運動の自己帰属感」と「生きられる時空の感覚」から構成されている。

ソクラテスの立場は主知主義的なものであり、頭脳が首から下の身体の活動を制御するという視点が核となっている。しかし、人間の心は実際には免疫系や自律神経系や内分泌系を介して首から下の身体からのフィードバックを常に受けており、知性の働きは身体の生理的活動から切っても切り離せない。ただし身体の生理的活動は生命システムの一環として、状態依存性をもっており、単純な物理的因果性によって支配されているわけではない。「状態依存性」とは、自己の身体の状態や環境からの情報入力によって有機体のシステム編成が左右されることを意味する。さらに、こうした状態依存的な身体の生理的活動が、大脳の神経システムの編成を促し、自覚的意識としての知性の創発様式に影響を及ぼす。そして、この創発的特質としての知性が、理性的自律性にまで高まり、トップダウン的に身体の活動を制御するようになるのである。ただしある程度までであるが。

理性的自律性を重視する立場の人々は、無意識の心理機制というものに疑念を抱き、それを積極的に排除しようとする。そして、この姿勢が純化されていくと、心と身体の実体二元論に帰着する。しかるに無意識の心理機制こそ心と身体の相互帰依性を成立せしめるものなのである。

「心（こころ）は身体（からだ）に表れる」という命題について考えてみよう。これを真として認める者は、情動と無意識的心性を介して身体の状態依存的な生理活動が、心の前意識的裾野から自覚的意識にまで上ってきて、知性的行動を左右することを理解している。それに対して、それを偽として断固拒絶する者は、創発的特質として結果的出来事である自覚的意識を心の王座に据え、下部構造としての無意識と身体の機能を心から二元論的に分離しているのである。ちなみに、この二元論的分離は、心の「創発性」に依存しているが、二元論者はその意味が分からない。そして、これは親の恩を忘れた放蕩息子の態度に似ている。

「心（こころ）は身体（からだ）に表れる」ということは、自覚的意識が理性的自律性を駆使して身体の生理的活動を制御する、ということではない。それが不可能なのは誰もが知っている。その命題が意味するのは、「心とは無意識的裾野を伴った生命的現象であり、その半ば身体的である性質が物質的身体の生理的活動に反映することがある」ということである。たとえば、気丈に慢性疲労からくる抑うつ気分を押し隠そうとしても、身体は正直なので、様々な予想外の症状を発出する。この無意識的心理機制と身体症状の相即性を素直に認めれば過労死や過労自殺は避けられるのである。しかし自覚的意識の能力を過信する主知主義的二元論者は、それを素直に認めることができない。ここにも創発性に関する無知が表れている。

心と身体の関係を考える際には、是非とも「創発」の概念をしっかり把握しておく必要がある。なぜなら、この概念を理解できないがゆえに唯物論と二元論の対立が、いつまでも調停されないからである。そこで、次にこの概念の重要性について説明することにしよう。

三　創発とは何か

学術用語としての「創発（emergence）」は、先行与件から予想できない新しい性質が現れること意味する。またそれは、システムの全体が実現する性質は、そのシステムを構成する個々の要素が単独では決してもちえないものであるということ、そしてシステム全体が帯びる性質は、個々の要素の性質の総和を超えている、ということを示唆している。

システムとは、複数の要素が結合してできた組織体であり、特定の持続する性質をもち、境界によって他のものから区別される。つまりそれは外延と内包をもった集合体である。

ちなみに、システムと呼ばれるもののうち最も単純なものは「水」であるが、周知のようにそれはH_2Oという単純な構造の分子に還元される。しかし我々の知っている「水」の性質はH_2Oという記号によって表現できないものである。つまり、「水」の多様な性質は、H_2Oという分子式に対して創発的である。また、H_2Oは二個の水素原子と一個の酸素原子の結合を表示しているが、H_2Oが実現する性質は水素原子、酸素原子のいずれも単独では実現できないものである。つまり視点を化学システムとしてH_2Oの内部に限局しても、やはりその物理特性（濡れや高誘電率）は要素の線形的加算からは得られないのである。つまり物理的プロセスの内部で既に創発の現象は起こっているのである。ましてや感覚的性質を帯びて我々に現れるものとしての「水」は、原子やその結合体として分子に対しては、より創発的だと言える。

この水とH_2Oの関係は、「創発」の概念を説明するときによく用いられる。筆者も大学の講義の際に、よくこの関係に言及して「創発」の概念を初心者に説明するが、学生は素直に受け容れる者と反発する者の二派に分かれる。どちらかと言うと反発する者が多い。それはおそらく高校までの教育に由来する要素還元的な思考法の影響であろう。しかし、それだけではない。世間一般の洗練されない思考法は、基本的に「創発」の概念をシリアスに受け取ることができないのだ。そして、この傾向は学者の間にも広がっている。まさに伝染病のように。

最も単純な例を介した「創発」の概念の説明にすらついてこられないとすると、心と脳の間の創発関係には理解の糸口すら見出せない、ということになる。周知のように脳は一千億個の神経細胞（ニューロン）の集合体であるが、その他グリア細胞や血管や支持組織からなっている。ただし外見上は、「脳みそ」という俗語が示すように、肉の塊にしか見えない。これが未熟な知性の構造に深く刷り込まれ、結果として「肉の塊」と「繊細で肌理の細かい精神現象」の二元論を生み出すのである。しかし、実は脳は中枢神経系という精緻なシステムであり、複雑な構成とダイナミックなプロセスをもっている。そして、この構成とプロセスが、神経細胞やそれを構成する分子や原子が単独ではもちえない性質を創発せしめるのである。しかし、この基本的な事実を知っても、まだ次の関門が控えている。それは「物理的プロセス」と「心」の間の説明的ギャップである。このギャップを克服するためには、通常の創発概念の説明では足りない。それを拡張した応用的説明が要求されるのだ。

この拡張された説明を可能にするのは、生命の働きを介して神経システムとしての脳の機能を説明することであり、そこからトップダウン的に神経細胞間の情報伝達などのミクロの要素を心の生成の説明システムに組み込むことである。ちなみに、よりミクロの要素たる細胞核内の遺伝子の働きも生命活動の一環として重要である。

「生きている」ということは環境の中で他の生命体や物理―社会的要素と相互作用することである。そうした相互交渉やコミュニケーションの場で情報システムとしての脳が機能しうるのであり、その際には身体全体性というものも深く関与してくる。情動、感情、記憶、知覚、意識といった心的現象が生じるのは、身体に有機統合された脳が環境と生命的相互作用をするからである。しかも意識のような高度の心的現象を生み出すためには脳の進化が必要であった。

ホモ・エレクトスにおいて萌芽が見られホモ・サピエンスにおいて熟成した言語的意識の機能は、まさに生物進化における「創発」の際立った例である。「創発」とは、もともと進化生物学において発案された概念であり、先行与件から予想できない新たな生命機能の出現を意味した。それはまた、「生命を生み出すような物質の性質」は物理学や化学という標準的な物質科学の方法では解明できない、ということも示唆している。これは何も神秘主義を標榜するものではなく、深い意味での自然主義を志向するものである。物質を超えたもの（m′）は物質（m）に内在しているのである。実際、我々の物質的身体に秩序を付与し形質を発現せしめているのは、細胞核内の遺伝子ＤＮＡに刻印された塩基の配列（分子言語）としての生命情報である。

以上に概略を述べたような「創発」の概念を理解できないと、人は二元論と唯物論の対立に悩まされる破目になる。そこで次にその対立について説明することにしよう。

四　二元論と唯物論

我々各人が日常感じている心的現象は、その人固有のものであり、他の人が外から観察できない私秘的なものに思われる。つまり心的現象は「主観的なもの」であり、それを説明する話法は一人称を使わざるをえない。また、心的現象は特定の物体のように物理的空間内に明確な位置を観察できないし、触覚によって確認できる大きさ（延長）をもつことがない。要するに、「心」は手で触れることができないし、その重さを量ることもその長さを測ることもできない「非物体的な何か」として日頃感じられている。しかし、それは各人の主観性によって「確かに存在するもの」として感得されている。そこで素朴な存在論的見解が生じることになる。つまり、「心」は物理的現象とは根本的に区別される存在のカテゴリーに属し、それを経験科学的に客観化して捉えることはできない、とする思念が湧き上がってくるのである。

こうして「心」は物質に強く対置され、非物理的ないし超自然的領域へと押し込まれる破目になる。この際、心と物質は全く異なった実在の階層に属し、両者の間には架橋しえない断絶が存し、それぞれの性質の説明の様式は完全に対立している、と思い込まれる。そして、この思考様式が「二元論」と呼ばれることは、多くの人が知っている。

二元論の最も先鋭化された形態は、デカルトに代表される実体二元論（substance dualism）である。その立場によると、心と物質は独立の実体（他のものに依存しないで存在するもの）とみなされ、「心」と「物質としての身体」は存在論的平行関係を保ちながら相互作用するものと想定される。ちなみにこの立場が、いわゆる霊魂の不滅という宗教的観念と少なからぬ結託性をもっていることは銘記されるべきである。

実体二元論の極端な考え方を諌めた形態は性質二元論（property dualism）である。この立場では、心と物質は独立の実体とみなされることはなく、現出する性質の様相の違いとして把握される。換言すれば、「心」とか「物質」という名辞は存在物ないし存在の様相を示すものではなく、「出来事」が現出する際の異なった性質のカテゴリーを示すものとみなされるのである。ちなみに、ここで言う「出来事（event）」は、物心未分の中性的な存在規定であり、性質二元論ではこの中性的存在から心と物質が「性質」として派生すると想定される。

哲学的心身論においては実体二元論と性質二元論は厳格に区別され、「物質」「心」「中性的実在」という三要素も厳密な概念把握がなされるが、一般の人々は、そのような厳密な規定なしに素朴な二元論的観点を行使している、というのが実情である。つまり常識は基本的に二元論的なのである。

ところで二元論に対置される立場として唯物論（materialism）というものがある。周知のように唯物論とは、実在の世界の根本的構成要素は「物質（matter）」であり、心その他の現象はそれから派生した仮象的なものであるとみなす考え方である。この立場には様々なタイプがあるが、どれも基本的に「物質」を重視し、心や精神を軽視するという点は共通している。また、この立場は還元主義（reductionism）とも呼ばれる。つまり唯物論は、物質以外のものをすべて物質的要素に還元したがるのである。たとえば「六甲のみずみずしい水」も「しとしと降る雨」も「ラベンダー色の美しい海原」もすべてH_2Oとそれを取り巻く電磁波の波長とかいったものに還元される。

こうしてみると、還元主義としての唯物論が、先に述べた「創発」の概念を無視していることがすぐに分かるであろう。また、「物質」という概念を吟味しないまま実在の把握道具として過信している、ということも容易に見て取れるであろう。さらに裏を返すと、二元論と唯物論は、一見南極と北極のような対立相を示しているが、実は同じ穴の狢（むじな）であるということが見えてくるであろう。つまり、どちらの立場も、抽象概念にすぎない「物質」を不当周延して実在の全様相に覆い被せ、その行為を過信するか（唯物論）、その行為に生理的反感をもって反抗するか（二元論ないし精神主義）のどちらかになる、という誤った二者択一に陥っているのである。

「物質」とは、分かったようで分からない概念である。ところが心身関係や物心関係を論じるとき、なぜかこの概念に強く頼りたくなる。もともと心身問題は繊細で難解なので、なんとか解決の糸口を見つけたいという渇望を生みやすく、その結果、多くの人が「物質」という概念を梃子にして力仕事を簡単に片づけようとするのである。それは二元論者と唯物論者に共通の傾向であり、学問的に洗練された論者から一般の人に連なる姿勢でもある。

それでは、どういう立場が望ましいであろうか。それは中性的一元論と創発主義的マテリアリズムを折衷したものだ、と言っておこう。前者はジェームズやラッセルが主張したもので、根源的実在は心的でも物的でもない「中性的な何か」であるとみなす立場である。この立場はまた、主観と客観の二元分割も認めない。他方、後者はマリオ・ブンゲというアルゼンチンの科学哲学者が主張したもので、基本的に自然的存在としての matter を重視するが、還元主義を否定し心的現象の創発性を認めるので、「唯物論」という訳語を受けつけない「マテリアリズム」という様相を帯びている。この立場は、matter の奥深い意味を見据えているし、浮ついた二元論的思弁に走ることがない。しかも還元主義の暴挙を徹底的に批判しつつ社会的次元を重視する。これに中性的一元論によって深みを与えれば、理想的心身論は目の前だと言っても過言ではない。

なお唯物論と二元論を同時に乗り越える姿勢は必然的に自然主義に行き着き、心や意識と生命の関係を、観念論的にではなく生物学主義的に論じるようになる。古来、生命を基幹に据える思想は、主観と客観、精神と物質、心と身体といった対置を便宜上のものとみなし、両者の統合を目指してきたのである。

五　心身問題の意義

唯物論と二元論、還元と創発、主観と客観といった対概念を駆使して心と身体の関係について深く考えることには、いかなる意義があるだろうか。心と身体の相互作用が生活実感として染みついているなら、両者の関係をあえて深く考える必要などないのではなかろうか。しばしば心身問題は不要に難解なだけで、その本体は空虚で不毛だと言われる。つまり、答えの出ようがない擬似問題と格闘しているだけだ、というわけである。それは確かに事の一面を突いているが、所詮問題の上面をなでただけの軽佻な意見にすぎず、心身問題の核心に触れるものではない。

心身問題の不毛な側面は、実体二元論に固執する態度から生じる。一七世紀にデカルトが「思惟実体（res cogitans）としての精神」と「延長実体（res extensa）としての身体」の関係をこの問題の中核に据えた時点で、解答不能の方向性が確定してしまったのである。そもそも、この二つの独立実体の関係の相互作用を解明するということは、磁石の同極（＋と＋、−と−）をくっつけようとするようなもので、最初から成功の可能性はない。換言すれば、その相互作用が解明されるべき両項をまず矛盾対当の関係に置いて、それから両項の関係を問うというやり方は、探究手順として落第なのである。なぜデカルトは、こうした罠にはまってしまったのだろうか。おそらく、心身問題が理論的側面と実践的側面の両方をもち、この問題を考えるためには両側面を顧慮しなければならない、ということを十分把握していなかったからであろう。

心身問題は、もともと生活上の心身相関の実感から派生するもので、実践的意味合いを多分に含んでいる。我々は、不安に苛まれると自らの意志で制御できない生理的不均衡を経験するが、その経験は、精神と身体という二つの実体の理論的相関よりも「自らの身の振り方（生き方）」という実践的意味連関を示唆する。そして、この実践的側面においては、心と身体の区別に先立つ「生（life）」という要因が基幹をなしている。また、この側面には「人格（person）」という重要な契機も含まれている。「人格」は心と身体の統合を示唆する概念であり、心身問題に取り組む際の必須の思考案件となっている。ところが、理論的側面に偏向すると、「二つのモノ」としての「心」と「身体」の関係が突出してきて、考察が機械論的になってしまう。これは人生や道徳の問題を理科的に解決するようなものであり、カテゴリー・エラーになってしまっている。しかも当事者は、そのことに気づいていない。

しかし実践的側面に偏向することも同時に糾弾されなければならない。たとえばソクラテスは、生理と心理の関係という心身問題の理論的側面を不当に無視して、行為の理性的自律性という実践的側面に固執としている。これでは心身問題は片肺エンジンの旅客機のようになってしまい、そのうち墜落せざるをえない。

心身問題に取り組む際には理論的側面と実践的側面のバランスを顧慮しなければならない。その際、心と身体の双方が帰属する「生」ないし「生命」という次元を考察の基幹に据えることが肝要である。もともと心理も生理も有機体の生命機能の一環としてあるもので、機械論的に両者を切り離すことは混乱に導く元凶となる。環境の中で生きる人格的存在者の生命機能として心理と生理というものがあるのであり、この二つを切り離した上で両者の相関を問うことは、旅客機を部品に分解して、その部品間の相関から「多数の旅客を乗せた安全な飛行」という機能を解明するようなものである。つまり実体二元論的思考法は、心身問題を実り豊かな仕方で解決することは決してできないのである。アリストテレスはこのことを知っていた。だから彼は「心（プシュケー）」を実体ではなく機能として捉え、心と身体が一つのものであるか二つの異なったものであるか、といった無益な問いかけを回避できたのである。彼の思考枠組みから言うと、心は生命の創発態であり、そうしたものとして身体の生理活動に秩序と目的性を付与する、ということになる。

もちろんアリストテレス的思考法ですべてうまくいくわけではない。特に、心脳問題が中核に据えられ、認知機能の分析が急進した今日の心身問題の状況においては、生命論的心身統合の論理は役不足の観がある。ただし、それはあくまで外見上のことである。急速な技術的進歩は、所詮小手先の器用さを示すものにすぎず、生命論的自然主義の根源性はやはり揺るがない。肝要なのは、その思想を現在進行形の問題系に適合するように改編することである。心身問題を不毛なものにしない救済策は、やはりいつの時代でもアリストテレス的な生命論的自然主義であると筆者は思う。

ところで、心身問題に関する考察が実際に我々の生活に役立つ、ということを明示することは極めて重要である。そしてそれは理論的考察が実践的領域に有意義な形で生かされる、ということの証明につながる。換言すれば、それは心身問題の理論的側面と実践的側面の有機的統合を実現せしめるのである。

たとえば、心身問題に関する哲学者の考察が臨床医学の現場で役立った、ということは注目すべき事柄である。実際、医学者の一部には哲学的心身問題に興味をもつ者がいる。精神医学と心身医学の従事者はその代表であるが、その他終末期医療やリハビリテーション医学に関わる者もそれに含まれる。こうした領域に哲学的な心身問題の考察が寄与するならば、それは心身問題の不毛性を打破する重要な契機となる。また、現代の脳科学は意識と主観性の問題に直面して心脳問題に悩まされているが、この状況に英米の心の哲学が参与していることは周知のことであろう。ここにも心身問題の不毛性を論破する要因が控えている。心の哲学は、以上のことを銘記して、心身問題を実践的領域に生かしてゆかなければならない。しかも科学と対話し理論的基礎を充実させつつ。

心身問題に関する熟考は、心身相関が問題となる科学の領域の紛糾の解決、ならびに人の生き方と環境世界への関わり方の改善に必ずや寄与し、さらには宇宙の根本原理の解明にもつながるであろう。それらは、人間と動物の幸福の実現（広い意味での生命倫理）に寄与し、自然との共存という課題にとっても有益なものとなるであろう。とにかく心身問題が不毛で空虚だということはない。そう考えること自体が不毛で軽薄なだけなのである。

練習問題

(1) 身体の生理的活動の「状態依存性」とは、どのようなものであろうか。そして、それは心と身体の関係を考える際、いかなる意味をもつのだろうか。具体例を挙げつつ説明せよ。

(2)　「創発」の概念が分からないと、人は二元論と唯物論のどちらかに加担してしまう。その理由を説明せよ。

(3)　「生命」の概念は心身問題にとっていかなる意味をもつであろうか。

(4)　次のような考え方はどこが間違っているであろうか。「私は身体を構成する細胞、分子、原子などすべての物質的組成を調べたが、どこにも心や精神なるものを発見できなかった。それゆえ心や精神は非物質的なものであり、身体から独立した実体である」。

(5)　心身問題の実践的側面の意味について説明せよ。

第3章　臨床医学への応用

心身問題を考え抜く心の哲学は、実践的側面をもち、人間的現実に関する問題への応用が可能である。ここでは人間的現実の一例として臨床医学を取り上げることにする。その中でも特に心身問題に関連が深い分野は精神医学と心身医学である。この二つの領域を中心に議論を進めるが、その他の関連領域にも触れる。これによって心の哲学と臨床の知の接点が浮き彫りされるであろう。

一　精神医学

精神医学は、臨床医学の中でも歴史が浅いがゆえに完成度が低く、いろいろな問題を抱えた未熟な分野である。医学というものは、人間の身体の生理学と解剖学、ならびに臨床的病理学に基づいた、病気治療の技術体系であり、基本的に身体の物質的異変を修正することに定位している。ところが精神医学は、こうした身体医学の手法にはまりきれず、悪戦苦闘しているというのが実情である。

精神科が扱う疾病の代表的なものは、統合失調症、躁うつ病、神経症、認知症などであるが、その他、境界性人格障害、アルコール依存症といった辺縁的領域も含まれる。統合失調症などは疾病として承認されやすいが、アルコール依存症といったものは生活行動上の逸脱であり、臨床医学の疾患モデルに適合させにくく感じる。登校拒否や引きこもりや自殺未遂もこのグループに含まれるが、さらに疾患モデルから隔たっている。この隔絶感の基盤となっているのは、「身体の病変」と「行動ないし精神の異常」という異なったカテゴリーを統合する思考原理の欠如である。心身問題について深く考えたことがない人々は、「身体の病変」と「精神の異常」を完全に分離させて捉え、両者の接点に目を開くことができない。裏を返せば、彼らはこの区別が便宜上のものであることを知らないのである。

精神科を受診する患者の多くは、生活行動上の障害から心身に異変をきたした人々である。そしてその異変は身体症状としてよりも精神症状として発現しやすい。たとえば、幻覚や妄想に苛まれるとか、抑うつ気分や自殺衝動に苦しめられるとか、不安や緊張感が異常に強いとか、記憶障害や気分変動が激しいとか。また不眠や拒食・過食といった身体症状と重なる症状や、失語や痙攣・麻痺といった神経学的症状を呈する者もいる。さらに、パニック発作における呼吸障害などの心理的要因の強い身体症状を頻繁に体験している者もいる。要するに、精神科を受診する患者たちは、心身にまたがる病的症状を抱えているのだが、そのうち心理的ないし精神的症状の方が顕在化しやすいのである。しかし、この顕在化は表層的現象であり、それに囚われると事の真相を見逃す破目になる。

我々は精神医学と精神病を正しく理解するために、ぜひとも心身問題をこの領域に応用して紛糾した事態を整理し、身体医学と精神医学の関係を的確に捉え、「身体の病変」と「精神の異常」のナイーヴな二元論的把握を打破しなければならない。

「身体の病変」は定量化して客観的に捉えることができるが、「精神の異常」は観察者の主観と価値判断に関わることが多く、定量化的把握に逆らう性質をもっている。そこで身体病（身体異常という言葉はない）と精神異常（差別用語すれすれである）の接点は見出しにくく、精神病は医学的疾患としてよりも人格の障害として理解されやすく、極端な場合、道徳的害悪とみなされる。これが今なお残存している精神病に対する偏見の源泉である。ただし精神障害の中でも脳の器質的病変に還元しやすいものは、臨床医学の疾患モデルに当てはめやすいので、そのような偏見を解除するのが容易である。たとえばアルツハイマー病に代表される認知症（少し前まで痴呆症と呼ばれていた）や末期梅毒による進行麻痺などは「脳の病気」として理解しやすく、その派手な精神症状にもかかわらず異常視されにくい。

それでは、脳の器質的病変に還元できれば精神異常や道徳的害悪とみなさなくてもよくなるのだろうか。そうではなかろう。そのような単純な図式では、器質的病変に還元できないタイプの精神病が、あいかわらず偏見の対象になったままとなる。統合失調症やうつ病などの中核グループのほとんどは、明確な器質的病変に還元できない。そこで顧慮されるべきなのが器質的病変と機能的病変の区別である。統合失調症などの中核的精神病は、脳の機能的病変に由来する認知や気分の障害とみなされる。ちなみに器質的病変と機能的病変の区別は便宜上のもので、両者の間には重なる部分がある。

精神病を正しく理解するためには、脳の器質的病変と機能的病変の関係を精確に捉え、精神症状の現象的側面ばかりに囚われずに、身体病との連続性を顧慮しなければならない。しかし、これは簡単そうで意外と難しい。なぜなら、そこには心と身体、ないし精神と物質の関係のもつれが介入し、思考の紛糾が避けがたいからである。そこで、この紛糾を解消するために心身問題の思考法を応用することが必要となる。事実、精神医学者の中には哲学的心身問題に興味をもち、それを精神病の本質の理解に応用した者がけっこういる。この場合、哲学的心身論が臨床精神医学にとっての基礎医学として機能したことになる。それでは具体的にどのような仕方で心身問題は精神病の理解に役立つのであろうか。

一つ例を挙げてみよう。統合失調症の患者の多くは幻覚、特に幻聴を体験する。その多くは「自分を非難する声」であるが、その発生元は明確ではなく、「自分の頭の内部から他人の声が聞こえる」と表現する者もいる。ところで、この幻聴の成因を理解するための二つの方途がある。一つは、それを脳の病理に基づいて理解しようとするもの（生物学的精神医学）で、もう一つは、それを精神症状発現の現象学的因果連関から理解しようとするもの（精神病理学）である。

幻聴を体験している患者の脳をＰＥＴで画像化すると側頭葉の血流量が通常より増加していることが確認される。これはその部分のニューロン群の活動が亢進していることを示している。そこで生物学的精神医学では、患者の幻聴は、側頭葉の聴覚野を中心とした脳内神経システムのアンバランスな状態に起因すると考える。またその際、脳内の情報処理に関与する種々の神経伝達物質（ドーパミン、セロトニン、ＧＡＢＡなど）の投射経路と分泌量の増減も顧慮される。

ちなみに、これらのアンバランスな状態には、患者の自我システムと生活状態が関与しているが、そうしたものを還元主義的に脳内の神経地図に定置することは難しい。つまり、それらは脳神経システムの全体が実現する創発特性なのである。しかも、自我と生活状態は患者の脳を超えた身体全体性とか世界内存在というものをも取り込んだ現象である。それゆえ、それらを扱うには、さしあたって脳の働きを括弧で括った現象学的ないし心理学的見方が必要となる。精神病理学という方法はまさにそれに関わるもので、精神病の心理的成因と症状の緻密な分類と把握に寄与している。

脳科学が進歩したら精神現象は脳の働きに還元されるから、結局精神病理学は生物学的精神医学に吸収され、ゆくゆくは後者だけで精神医学は成り立つであろう、という見方をする者がけっこういる。しかし、そうした見方は単純すぎる。むしろ精神病理学の心理学的で現象学的な方法と生物学的精神医学の脳病理学的な方法の接点を探求し、それを臨床の場に生かしていかなければならない。その際、着目されるべきなのは患者の世界内属的な生きられる身体性である。この身体性というものは、環境世界へと関わる有機体の行為と意識を身体の働きに統合するもので、脳の機能を中心とした生理的プロセスも内含している。要するに、それは患者の世界内存在としての生命システムを反映した身体現象なのである。それゆえその現象は、生活行動上の障害から生じた患者の症状を心身両面から的確に捉えるための鍵となる。

一九世紀の後半あたりから哲学界では心身二元論克服の傾向が強くなり始め、その傾向は今日まで続いている。ただし二元論克服と言ってもいろいろな仕方がある。代表的なのは物的一元論であり、これは神経物理主義や脳還元主義に傾きやすい。それに対して、直前に述べた生きられる身体性に定位して二元論を克服しようとする立場では、脳還元主義に傾くことはない。この立場では、脳は生命システムの一要素にすぎないものとみなされるからである。このように、心身二元論克服と言っても要素還元主義とシステム論的見方では大きく様相が異なってくる。どちらが正しいかは一概には言えないが、心身二元論克服を目指す姿勢自体は正しいように思われる。今後、両傾向の弁証法的統合が望まれる。

哲学的心身論における二元論克服の傾向は、科学や臨床医学の動向と密接に関係している。精神病、特に内因性精神病は、心の病気なのか脳の病気なのかを判定しにくいが、これが哲学的議論に話題を提供し、ある程度の理論的処理がなされると、今度はその成果が精神医学にフィードバックされる。また脳科学が進歩すると、従来脳の病理として理解しがたかった精神症状が脳の神経地図に定置されるようになる。すると、哲学的還元主義の一派が、心脳問題の論上にその成果を取り込み、神経物理主義の主張を堅固なものにしようとする。また、創発主義的システム論に与する哲学者はその還元主義の暴挙を批判して、脳科学の成果を生命システム論的に再吟味しようとする。このように心身問題をめぐって哲学と脳科学と精神医学の間には相互影響が垣間見られる。哲学者の中には科学や医学と対話することを嫌う者もいるが、心身問題は常に科学と対話しつつ進化してきたという歴史的背景をもっている。

精神医学は人間的生き方とその生物学的基盤を問うという難問に常にさらされている。心身問題を考え抜く心の哲学は、この難問に触発され、かつその解決に寄与しうる実践的側面をもっている。心身問題を不毛なものにしないためにも精神医学との対話は推進されるべきである。

二　心身医学

心身医学は精神医学よりもさらに歴史が浅く、それが確立されたのは二〇世紀に入ってからである。しかし、その掲げる全人的治療理念は古代ギリシャにおける医学の原点を体現している。つまり患者を心身統合体として捉え、部品の故障（個別的臓器の障害）としての病気のみを診るのではなく、心をもった有機体としての患者の全人性に定位して治療を行うことを目標としているのである。こう言うと、りっぱな医学分野であって人々に敬愛され信頼されているような印象を受けるが、精神医学と同様の未熟さと問題性を孕んでいる。それは言うまでもなく心身問題に関連するもので、定量化できない心的現象を身体の生理過程に結びつけることの難しさを示している。

身体の調子が精神状態からの影響を被ることは、生活実感として誰もが認めることであろう。特に種々のストレスが体調の悪化を引き起こすことは印象深い事実である。しかし、主観的に感じられる精神状態やストレスが、身体に直接物理的変化を引き起こすことを認めるかどうかに関しては意見が分かれる。換言すれば、主観的（各人の意識に直接上ってくる仕方で感じられる）ストレスが体調の一時的変化を引き起こすことを認めるに吝かではないが、それが身体組織（臓器から細胞、さらには細胞核内の遺伝子）の物理的組成に持続的変化を引き起こすことに関しては疑念を抱いてしまうのである。つまり、精神状態や主観的ストレスは所詮ソフトウェアであって、堅固なハードウェアである身体の物理的組成に実質的変化をもたらすことはないと考えるのである。精々気分に反映される程度の身体の不調を引き起こすだけであろう、というわけだ。それゆえ、心療内科（心身医学を実践する診療部門）が行っている治療は、外科のような物理的実証性に乏しい「気休め」ないし「癒し」のように感じられる。この感慨は、一般人のみならず、医者の間にも広がっている。

もちろん、心身医学の原理を理解し心療内科の治療を信頼している人はたくさんいる。しかし、精神医学と同様にその信頼度はまだ低いというのが実情である。そこで、またしても哲学的（科学基礎論的）心身問題をこの領野に応用しなければならなくなる。その際、まず着目されるべきなのは、心のもつ主観的側面と無意識的背景の区別であり、それらが身体の生理的過程や病理に影響を及ぼす仕方の精確な把握である。

心身相関の理論について深く学んだことのない人々は、「精神的ストレスと体調の悪化」というお決まりの表層的把握の下に心身症を理解する傾向にあるが、この場合の「精神的ストレス」とは心のもつ「主観的側面」のことで、意識に直接反映される自覚的な心的内容を指す。それに対して、心身医学で言われる身体疾患の心的要因は基本的に無意識的な情動を意味する。

もともと心身医学は、フロイトの精神分析学（深層心理学）を内科学に導入することによって誕生したものであり、心的現象の中でも特に無意識的な情動を重視するのである。ちなみに、無意識的な情動もその一部は自覚的意識に反映され、主観的な心的表象に取り込まれる。しかし結果として生じた主観的心性を原因のようにみなして心の中核に位置づけると、心身問題のアポリアにはまってしまう。つまり、心身症における「心と身体の相関」というものは本来「無意識的な情動と身体の生理的過程の関係」なのに、「自分が管理している精神状態（主観的に制御している心的状態）と客観的な身体の生理的過程の関係」へと視点が移ってしまうのである。そこで出てくるのが、心と身体についての二元論的感慨から発する心身症の軽視と心身医学に対する疑念である。つまり「心身症は仮病であり、心身医学はインチキだ」というわけだ。

心身症の代表的なものは、神経性胃炎、過敏性腸症候群、心因性喘息、心因性腰痛、心因性蕁麻疹などであるが、癌などの重篤な疾患も心身症とみなされることがある。また精神病を脳の心身症とする見方もある。このうち神経性胃炎とか過敏性腸症候群は、心身医学を軽蔑している人にも比較的受け容れやすいものであろう。なぜなら、それは多くの人が自らの主観的心性において体験しているものであり、その軽症性とあいまって深刻な心身問題への関与を免れやすいからである。しかし難しい問題から逃げてはならない。

ところで、心身医学は基本的に「心と物質のどちらに偏ってもならない」という理念に則っている。この理念が分からないと、いかがわしい民間療法に走るか心身医学そのものを否定するかのどちらかとなる。その理念が示唆しているのは、「心因や心理ばかり重視しないで、身体の生理的過程や物質的異変を心身相関の理論にきちんと取り込め」ということである。そこから翻って身体の生理的過程のうちに含まれる情報処理の働きが心的性質を帯びたものであることが看取される。

あらゆるシステムにおける情報処理がそうであるように、人間の身体の生理的情報処理も情報のコード化を使ってなされる。さらに、このコード化は状態依存性をもっており、有機体の世界内存在からのトップダウン的影響を被る。たとえば、一週間後に法廷に立たされる被告が、激しい不安と緊張から心身症に罹ったとしよう。この被告の発症過程には、彼の世界内存在（つまり生活世界の中での行為としての犯罪とそれにまつわる事柄）が主観的心性（過去の行為への反省とこれからのことに関する思惑）を介して身体器官の一部にトップダウン的に作用している。そして、これを生理心理学的に説明すると、彼の大脳新皮質の状態依存的情報処理が視床下部―下垂体という心身相関の中枢に作用し、そこから自律神経系や内分泌系を通じて特定の身体器官に集中砲火を浴びせる、ということになる。どの身体器官に症状が現れるかは、患者のどの器官が脆弱性をもっているかによる。また自律神経系の働きは自らの意志で制御できないので、患者は症状発現を予期できない。ここに主観的心性を超えた無意識的な情動が関与してくる。この無意識的な情動は視床下部―下垂体の生理的機能と密接に関係しており、後者に状態依存的にコード化された情報を送っているのである。しかし、それは霊界からのものではなく、大脳辺縁系からのものである。また大脳辺縁系と大脳新皮質の間には情報のやり取りがある。そこで心身症の患者には意識的煩悶と予期できない身体症状が共存するのである。

こうしてみると、「身体の生理的過程のうちに含まれる情報処理の働きが心的性質を帯びたものである」という主張が理解しやすくなるであろう。多くの人は「心」という言葉を聞くと、すぐに主観的で内面的な現象を思い浮かべるが、「心」は実は行動を介して生活世界という外部に延び広がったものなのである。そして意識的に自覚できる主観的側面ばかりではなく、無意識側面ももっており、それは外部から観察できる行動や身体症状に、本人の意図に反して出力される。

心身医学が提供する心身相関に関するデータは哲学的心身問題の議論に刺激を与えるし、哲学者の熟練した概念整理の技術や科学基礎論的方法は心身医学の基礎と臨床双方に寄与するであろう。とにかく心と身体は一体二重性の相即関係にあり、それは実体二元論的相互作用ではとうてい説明できない。実体二元論は、心の無意識的側面を認めようとしないので、心のもつ半ば身体的な性質に眼を開けないのである。

ちなみに、心身医学の功績は慢性化した難治の身体疾患の背後に心因が控えていたことを解明したことであるが、この心因ばかりに着目すると足をすくわれる破目になる。たとえば低髄液圧症候群という病気がある。これは、めまいや頭痛や頸凝りや耳鳴りを中心とした慢性的な身体症状を呈するもので、その原因は、脊椎への衝撃によって生じた脊髄の小さな穴から髄液が漏れ出すことにあり、立派な身体病である。特に自動車の衝突事故によって生じる、いわゆるむち打ち症が引き金となることが多い。その他ラグビーなどの激しい運動も誘因となりやすい。ところが、この症状は長い間器質的原因が不明であり、心身症として扱われてきたのである。精神科医や心療内科医は、抗不安薬や抗うつ薬を処方し精神療法で対処してきたが、その無意味さが証明されたのである。現在の治療法は硬膜外自家血注入（ブラッドパッチ）と呼ばれるもので、患者本人から採取した無菌の静脈血を髄液が漏れている部位の近くの脊椎硬膜外に注入し、血液に含まれる凝固物質フィブリンに糊の役目をさせて穴をふさぐ、という比較的単純なものである。

心を過度に重視する哲学者や心理学者や医者は、物質や身体に対する心の影響の大きさにばかり着目する傾向があるが、それでは片手落ちである。隣人としての患者を本当に救いたいのなら、彼の心ばかりではなく生命全体性を考慮してほしいものである。そして、この生命全体性を考慮するという姿勢が心身相関の理論を深化させ、心身問題の視界を広げるのである。

三　患者の生きられる身体性という視点

直前に「患者の生命全体性を考慮する」ことの重要性を指摘したが、これを心身医学の掲げる「心と物質のどちらに偏ってもならない」という理念に結びつけて考えてみよう。

「生命（life）」というものは、環境の中で生きる生物の存在様式を意味し、人間の場合には「生活」や「人生」という意識的行動性の意味も帯びている。また生命をもつものの特徴としては、それが栄養摂取能力をもち、成長し、繁殖能力をもち、いつかは必ず死ぬ、という点が挙げられる。そして、この生命過程には「質」の良し悪しというものがつきまとう。Quality of Life（生活の質）という言葉は耳慣れたものであろう。

病気に罹った患者は、まさにこのQuality of Lifeが低下した状態にある。そして彼のLifeは心と身体の両面を包摂するものであり、医療スタッフであれ家族であれ、彼に関わる者はみな彼の心身両面をサポートしなければならない。ただし、心身両面という概念自体は抽象的なものなので、それを具体性に向けて解きほぐさなければならない。そしてその際、着目されるべきなのが「生きられる身体性」という現象なのである。

「生きられる身体性」という概念は、メルロ＝ポンティなどの現象学者が提唱したもので、基本的に「心的生命を吹き込まれ、主体性によって賦活される身体の働き」を意味する。それはまた意識的行動を介して環境世界と有機的に結びつけられており、生物の物質的組成よりは行動的要因に関与する。普通「身体」という言葉を聞くと、解剖学や生理学が説明するものを連想するが、「生きられる身体性」という現象は環境の中で生きる有機体の感覚や意識や行動などの生活機能すべてを取り込んだものであり、単なる物質性を超えている。ただし、物質性を超えているからといって、それを観念的捏造物のように考えてはならない。そう考える姿勢は二元論に毒されたものであり、事の真相を見失わせるだけである。

ちなみに身体意識とか身体感覚という言葉があるが、これらは「生きられる身体性」の心的側面に焦点を当てると得られる概念である、と言っておこう。心的側面は「生きられる身体性」の一側面にすぎない。生命の働きは、生理学的物質性をも含んだものであり、心的機能だけからは成り立っていない。とはいえ、生命の働きをDNA高分子を中心とした生理学的物質性に還元することもできない。それは、環境へと関わり、他の生命体との共存を可能ならしめる感覚・意識・行動という要素も含んだものなのである。ここで改めて「心と物質のどちらに偏ってもならない」というテーゼの重要性が頭を擡げてくる。

病気に罹った患者は、身体的苦痛と心的苦悩の両方に苛まれる。そしてこの両者は入れ子の状態にあることが多い。尿管結石の引き起こす激痛は数時間にも及ぶが、それを体験した人はみな知っているように、痛みは心身双方にまたがる両義性をもっている。その他、歯痛、腰痛、腹痛、など比較的軽いものでもすべてこの傾向をもっている。また痛みが引いても、今度は「いつ治るのかなー」とか「治療費が心配だ」などの心的要因が浮上しくるが、それも患者の Quality of Life に関連し、生理的過程にも少なからぬ影響を与える。心身医学の実証的データとして、不安や抑うつ気分が病気の悪化を招くことが挙げられるが、これは分子的病理学のレベルでも証明されている。

こうしたことを顧慮すると、「生きられる身体性」というものが、「心と物質のどちらに偏ってもならない」という目標の強い支えとして働くことが分かるであろう。実際、患者の悩みを聞くことは、身体の状態を知るために非常に役立ち、それは客観的身体検査（血圧測定、各種画像検査、心電図など）とは別種の効能をもっている。もちろん、心と物質のどちらに偏ってもならないのだから、客観的身体検査も無視できないが、「生きられる身体性」は生理学的物質性をも取り込んだ包括的現象なので、そうした検査と患者の心的状態との有機的関連を看取する視点を提供するのである。

ところでメルロ=ポンティは、幻影肢という病理現象に焦点を当てて「生きられる身体性」の重要性を説明した。幻影肢とは、事故や手術によって失われた四肢の一部に鮮烈な痛みを感じるという現象で、その成因に関しては様々な見解がある。代表的なのは生理学的な中枢説であるが、心理学的解釈も無視できない意味をもっている。メルロ=ポンティは、心理と生理の二元論を排し、両義性の哲学の観点から幻影肢を世界内属的な生きられる身体の痛みとして把握した。これは、失われた四肢の一部をかつて保有していた世界への関与の身体的記憶によって補償しようとする有機体の習性から説明するものであるが、脳の働きが感覚器官と末梢神経系の機能を介して環境世界に深く関与していることを同時に示唆している。

こうした現象学的身体論の視点は、医学の中でも特にリハビリテーションの部門に強い影響を与えている。事故や卒中によって中枢神経系に損傷を負った患者には、様々な運動麻痺が生じる。リハビリテーション医学が、この麻痺した機能を正常時に近づけることを目標としていることは誰もが知っている。しかるに、この目標の達成のためには、神経学的知識だけではなく、患者の生きられる身体性についての知見が必要となる。そしてそれは同時に、「脳内の運動制御機構が有機体の世界内属性と密接に関係している」ということを顧慮した「患者の主体的身体」の理解を意味する。具体的には、患者の言葉による主観的訴えに耳を傾け、治療者が患者と身体経験を共有し、それを神経学的知識や理学療法の技術と結びつけて運動機能の回復を進める、という臨床行為となる。

普通「患者の言葉に耳を傾ける」というと、何か心理的慰めのようなものを連想するが、生きられる身体性というものを介入させると、その行為がにわかに具体性と質料性を帯び、生理学的次元へのリンクが実感できる。一人称で語られる意識の主観的特質と客観的に観察される生理学的過程の間には確かにギャップがあるが、生きられる身体性というものは、このギャップを埋める可能性を秘めているのである。そしてこのことは、またしても心身問題の実践的側面を示唆する。

四　心の哲学と臨床医学

心の哲学は心身問題を徹底的に考え抜く。他方、臨床医学は患者のQuality of Lifeを高めるために心身相関を考慮する。哲学は基本的に理念的学問なので、直接の実用性は二の次と考えがちだが、現実の効用を無視した観念論的思考法は、そのうち淘汰され生命を失ってしまうであろう。そこで、心の哲学は臨床医学の現場に出張して（研修に出かけ）、理念的な心身論を現実の心身相関現象と照らし合わせ、それによって心身問題の実践的意味を把握しなければならない。フィールドワークとして直接医療現場に出かけるのが望ましいが、それが無理ならば文献から学ぶだけでもよい。よく「本を読んだだけでは分からない」と言われるが、心して体系的に学べば相応の成果は得られるものである。まず推奨されるのは精神医学や心身医学の文献であるが、その他神経心理学や医学的心理学の文献も役に立つ。また、闘病記や患者学の本も興味深い視点を提供してくれる。

英米の心の哲学は、基本的に認知科学や神経科学における理論的側面に対する関心が強く、人間的現象の色彩が強い臨床医学の現場にはあまり興味をもたない。それに対して、独仏の現象学的哲学における心の理解は「臨床の知」というものに親近性をもっており、心身問題を実践的領域に応用するための貴重な手がかりを与えてくれる。今後、英米の心の哲学が、独仏の現象学的哲学の視点を取り入れて、さらに成長してゆくことが望まれる。

認知科学と神経科学を包括する学問としての脳科学は、臨床医学における神経学的研究と深く関係しており、人間の脳の機能の多くは、病気や事故によって脳に損傷を負った患者の認知機能の障害のデータから得られたものである。心身問題を心脳問題に絞り、脳と認知の関係に考察を限定すると、人間的現象としての心身相関の全体性が見通せなくなる。臨床的観点は、常に人間の生命全体性を考慮しつつ、心身相関を理解しようとする姿勢を堅持しており、脳の障害も患者の生命全体性から捉えようとする。患者の生命全体性とは、彼の世界内存在を意味し、これが心身統合的な生命システムとしてシステム論的考察の対象となるのである。

心という現象は身体という現象を介して「生命」と深く関係している。しかるに臨床医学、というより臨床の知は、常に生命の質という観点から心の問題に関わる。生理学的現象は生命システムの一側面であり、別の側面としての心的現象とは生命的相即性をもっている。両者の間には確かに説明的ギャップがあるが、愛すべき隣人としての患者の苦痛を軽減しようとする意図に導かれるならば、そのギャップは意外と簡単に埋められるのである。

個人の内面的私秘性に定位した意識の難問は、目の前で苦しんでいる隣人を救うというプラグマティックな観点によって、その擬似問題性が暴き出される。現在主流となっているアメリカの心の哲学（認知神経哲学）は、分析哲学から派生したもので、別の潮流に属すプラグマティズムの思想とは縁が薄い。しかるにプラグマティズムの哲学者たちは、人間の心を常に社会的―生命的観点から捉えており、その姿勢は独仏の現象学者と類縁性をもっている。今後、認知神経哲学は、現象学的身体論との対話を臨床の知に照らして深め、本来の先輩たるべきプラグマティストの姿勢を心の哲学の場に生かしていかなければならない。

練習問題

(1) 「身体の病変」と「精神の異常」を統合する思考原理とはいかなるものであろうか。
(2) 哲学的心身問題が精神医学に対してもつ意味について説明せよ。
(3) なぜ心身症の理解のために「心と物質のどちらに偏ってもならない」のか。それについて説明せよ。
(4) 患者の Quality of Life と生きられる身体性の関係について説明せよ。
(5) 心の哲学と臨床の知の接点はどこにあるだろうか。

第4章 「私」とは何か——意識と自我

本章では「私」とは何かを問うことにする。「私」すなわち「自我」は、心の中核に位置する現象であり、洋の東西を問わず古来様々な仕方でその本質が探究されてきた。それはまた「意識」という奥深い現象とも密接に関係している。このことを顧慮して、「私」としての「自我」が心の哲学にとっても つ意味について考えてみよう。

一 「私である」という感覚

我々各人は、それぞれ「私である」という感覚をもっており、その様相は六〇億通りぐらいになる。「六〇億通りぐらい」とは、言うまでもなく全世界の人口からいくぶん間引いた数を示している。ただし、ここで注釈を付しておかなければならない。それは、「私である」という感覚は、時間空間的に唯一無比の人生行路を歩む個別者の実存を表現する「個別性」とともに、ホモ・サピエンスという生物種に共通の心性を象徴する「普遍性」を含んでいる、ということである。つまり「私である」という感覚は個別性と普遍性という二つの側面をもっているのである。換言すれば、自我には私秘性と公共性の二側面があるのだ。

普通、自我の感覚は個人の内面性を示唆し、それゆえ公共性に還元されない私秘性を帯びたものと理解されている。しかし我々が送る日常の心的生活のほとんどは、「他者は私と同様の心的機能ないし自我感覚をもっている」という暗黙の了解によって成り立っているように思われる。この暗黙の了解なしにはコミュニケーションを中核とした社会生活は成り立たないのではなかろうか。

自我感覚のもつ普遍性と公共性は、生物学的起源と社会的起源の両方に由来する。ホモ・サピエンスの基本的ゲノム構成は、国境を越えて各民族に共通のものであり、それは認知の座たる脳の神経システムの構成の共通性として表れる。認知システムの基本的な生物学的構成が同じだとしたら、同じ生物種の中の各人の「私である」という感覚にはたいした違いはない、ということになる。ただし、使用言語や生活習慣が異なる民族の間には心性の相違が若干現れる。特に、先進国と著しい発展途上国の間には大きな差がある。これが生物学的起源に還元されない「自我感覚の社会的起源」を指し示すものであることは言うまでもなかろう。しかし民族間の心性の相違は、周知のようにたいしたものではなく、みな同じように愛し、憎み、喜び、悲しみ、そこから「私である」という感覚をもつのである。この背後には、やはり生物学的共通性がでんと控えている。ただし、このことは生物学的要因が社会的要因よりも優位に立つ、ということを意味しない。むしろ、両要因が密接に絡み合って自我感覚発生の基盤を形成する、というふうに理解した方がよいであろう。それゆえ、社会的要因に関しては少し注意が必要となる。

自我の公共性は他者との社会的交流に淵源し、それは「私である」という感覚が純粋自己触発によって生じたものでないことを強く示唆する。つまり「私である」という感覚は、他者が覗き込みえない私秘的な内面性の奥底から発生するものではなく、身体的触れ合いや言語的コミュニケーションを通した外面的な社会的行動からの「折り返し」として、各人の心の内部に生じるのである。ところが、この「折り返し」は反省的意識によって二次的なものへと格下げされ、切実な自覚的心性によって内面性が基発点へと繰り上げられるのである。ここで身体的知たる「暗黙の了解作用」がその機能を失うのは言うまでもない。

自我感覚は、確かに社会的起源をもっており、私秘性に還元されない公共性を帯びている。ところが一般には逆の見解の方が有力となっている。つまり、自我は公共性に還元されない私秘性をもっている、というわけだ。我々は、こうした一般的見方を頭ごなしに却下してはならない。それには、確かに一理あるのだ。そこで、「唯一無比のこの私」という観念や自我感覚の私秘性の信念に強く魅かれる者にも納得のゆくように、自我感覚の公共性というものを説明してやらなければならないことになる。そして、そのためには「私である」という感覚が生じる「場」としての「意識」という現象について深く考える必要がある。

二　自我感覚が発生する場としての意識

意識は、よく不可逆の流れに喩えられる。つまり、それは時間的現象である。しかし意識には広がりもあり、それは対象が現れるフィールドを形成する。すなわち、意識は空間的性質ももっている。すると、意識は時間と空間によって構成された「対象現出のための場」だということになる。そして、この場としての意識の取締役ないし極として自我というものがあり、それが経験の主観性を形成するのである。それでは、自我が意識現象を引き起こす原因として、後者に対して優位性をもっていると考えてよいのだろうか。そうではなかろう。「私である」という自覚が生じるためには、その基盤となる「場」が必要であり、意識がそうした「場」として機能するのである。

「意識」というのは分かったようで分からない概念である。換言すれば、自分では分かっているのだが、その内容を他者に明確に伝えることができないのである。なぜなら、意識現象を捉えるためには既に反省的で自覚的な意識を働かせていなければならず、不可逆の流れの中にどっぷりはまった状態で、その流れを客観的に観察しようしても無駄だからである。この事態を象徴的に表現すると、「意識とは何か。誰も問わなければ私はそれを知っている。しかし問う人に説明しようとすると、私は知らないのである」となる。

しかし落胆するには及ばない。こうしたアポリアは主観―客観図式の呪縛から生まれるものであり、表層的現象への囚われを象徴しているだけなのである。「意識」は、反省と自覚によって構成される「主観性」には尽きない豊かな性質をもっている。認知心理学的に言うと、意識には「覚醒（arousal）」「気づき（awareness）」「自己意識（self-consciousness）」という三層がある。このうち「覚醒」は、意識の生物学的な基本相を意味し、主観的質感とは縁遠いものである。また「気づき」は、意識の機能的側面を意味し、内面への強い関与を欠いた行動制御の働きを示唆する。それはまた情報処理の機械的性質を暗示するものでもある。この二つに対して、「自己意識」は明確な主観性を伴った意識の働きを示す概念であり、言語的反省能力をもつ人間に特徴的な機能とみなされている。それゆえそれは「リカーシヴな意識」とも呼ばれる。

こうした三分類からも分かるように、意識の働きは一義的に定義できず、多様な性質を包摂したものである。ところが、学以前の一般的理解では、意識がもっぱら「リカーシヴな自己意識」を意味するものと受け取られ、ひどい場合にはそれが「心」そのものの定義に置き換えられる。そしてここから出てくるのが、「意識とか心の科学なんてありえない」というナイーヴな感慨である。これでは意識と自我の関係は精確には捉えられない。

意識の豊かな広がりと深層を示唆する要因はまだある。それは「下意識」とか「前意識」と呼ばれる現象と「意識の辺縁」という現象である。これらはすべてリカーシヴな反省作用が働く以前の意識の機能を示唆するものであり、直前に挙げた「覚醒」や「気づき」の働きと親近性をもっている。また、そうしたものとして、行動、生活、環境世界といった外面的要素への意識の関与を指し示す現象でもある。

周知のように精神分析学では、自我は無意識の広範な領域に根差したものとみなされ、意識化された「私」への囚われは軽蔑される。またジェームズの純粋経験の哲学においては、主観—客観図式が乗り越えられ、経験の主体は「私」ではなく「経験そのもの」とみなされる。こうした観点を顧慮すると、「私である」という感覚をリカーシヴな自己意識にのみ基礎づけようとする姿勢は表層的な見方だということが分かる。

「場」としての意識は、実は生命の原初的働きを表現するものであり、そうした働きを通して自我の感覚も生まれてくるのである。「場」というものは、中心を脱した豊かな延び広がり、つまり脱自性を示唆する現象である。「生命の場」は他の生命体との共存を示唆し、「意識の場」は自我の脱自性を暗示するのである。それゆえ、自我の本質を捉えるためには必然的に他者との関係性における意識の生成について考えなければならない、ということになる。

三　発達過程における自己意識の生成

我々各人は、自らの意識の起源に関する考古学を遂行することができる。そしてそれを実行してみると、だいたい三歳前後に「私である」という自覚が生じたことが判明する。このことに関して変な懐疑を働かせても無益である。確かに厳密な客観的証拠を示すことはできないが、内省の力というものは思いのほか信頼できるものである。それゆえ、素直に三歳前後の自己意識発生の事実を承認した方がよい。また内省によって確認される自己意識発生の起源は、発達心理学的研究によって実証的に裏づけられ、さらに現象学的身体—自我論によってその核心が把握される。

発達心理学と現象学を融合した観点から言うと、乳幼児の頃には視覚よりも触覚が優位に立ち、内受容感覚が支配的となっている。それゆえ、二歳半頃までは「他者と違う自己」という視点がほとんどなく、自己を客観視することができない。特に母親との癒合的関係が強く、自己の内部と外部の区別に基づいた身体図式の把握が不可能となっている。この間、母親その他の人々との「触れる触れられる」経験が継続するが、三歳前後になると次第に内受容感覚の支配性がゆるみ、視覚機能の発達もあいまって関心が外へと向かうようになる。すると「他者と違う自己」という観念が兆すようになり、自己を客観視する視点が生まれ、同時に身体図式が整い始める。鏡に映った像を自分と同定できるようになるのがこの時期である。

ここで注意すべきなのは、「私である」という自覚の原初的形態が他者との関係における身体—自我の形成にあるということだ。「私」という観念は、「身体を生きる」という感覚と深く結びついている。そしてそれは、他者の行為を模倣し、そこから自己の社会的役割を自覚する、という社会的自己観念の形成とも深く関係している。要するに、自己意識の芽生えは他者との交流における身体図式の整備と諸感覚の統一に基づいているのである。

このことは、「私である」という自覚が「生命感覚」というものと深い次元でリンクしていることを暗示する。ちなみに生命感覚は共通感覚を介して「身体を生きる」という感覚とも深く関係している。

ところで、学童期を経て思春期に突入すると、にわかに「唯一無比のこの私」という観念が頭を擡げてくる。これは反抗期と並行するものであり、未熟で野放図な自己模索ないし自己実現の様相を呈している。つまり「他人とは違う、かけがえのない自分」という観念が、自己の社会的役割と他者への配慮という視点を欠いたままに、感情失禁のような形で吐露されるのである。その際「かけがえのない、しかヽしヽ同時にたヽいヽしヽたこヽとのなヽいヽ私」という謙虚な大人の観点が抜け去っている。

それでは成人はみな謙虚な社会的自己意識をもっているのかというと、そうでもない。自分のことを反省してみればすぐに分かるように、みな子供じみた我執を抱えているのである。また心身二元論の観念ともあいまって、物質に還元されない「唯一無比のこの私」という想念は消しがたいものである。そして、この想念のウイルスは哲学者や科学者の脳をも冒している。その代表が「我思う、ゆえに我あり」と説いたデカルトであることは言うまでもなかろう。彼は、「考える我」を物質としての身体から切り離しうるし、そこに人間の尊厳を見守る論拠があると考えたが、これは取り返しがつかないほど間違っている。パスカルは「無益にして不確実なデカルト」と言ったが、これはそのまま「無益にして不確実なオカルト」と言い換えられる。つまり、反社会的な精神の形而上学は、オウム真理教まがいのオカルト主義に転落する可能性を常に秘めているのである。

身体は、デカルトが考えるような「物質的機械」ではなく、「心的生命を吹き込まれた有機体」であり、それは意識の生成に深く関与し、精神と切り離して考えることができない。デカルトの省察は、人間（つまり生物）の発達の過程を全く無視したものであり、自己意識の社会的生成を思考に取り入れることができず、それゆえ人間の尊厳を捉えるためにはあまりに未熟である。デカルトに類した考え方は今も巷に広がっているが、道徳教育上極めて弊害がある。その類いの考え方は「独我論」として一括りにできる。そこで次に独我論を批判する視点から自我の意味について考えてみよう。

四　独我論の陥穽

独我論にはいろいろなバリエーションがあるが、意識と自我の存在が確認できるのは、そうした内面的で私秘的な現象に直接アクセスできる「私本人」のみである、ということを基本論調としている。つまり、他者の心の存在を確認する術はないのだから、唯一確かな実在性をもっているのは「私の心」のみである、というわけだ。ちなみに、これは唯一の実在は心のみであるとする唯心論とは若干論点を異にするが、それと親近性をもっていることもまた確かである。唯心論が唯物論の対極に位置し、物質よりも精神を尊ぶ立場であることは誰もが知っている。

知覚者に現れる外界の諸事象は、意識を介してその存在が確認されるから、確認の関門としての「私の意識」を通過しない事象は、一見実在しないかのように思われる。それゆえバークリは「存在するとは知覚されることである（esse est percipi）」と主張した。これは、直接独我論を目論んだものではなく、唯物論を却下するために物質の存在を否定し、それによって有神論を根拠づけようとしたものである。デカルトの場合も事情は似ており、神による自己存在の確保が目標となっている。ただしバークリと違うのは、物質の実在性も神の創造の働きの結果として認める二元論の立場を堅持している点である。しかし両者の思考姿勢は、独我論を派生させるという点で一致している。両者において魂の不死性は神の存在によって保証され、そのためには精神を肉体から切り離す形而上学が必要だったのである。これは

「かけがえのない私」の存在の保証人として神の存在を要請する思考態度を表しているが、かなり身勝手な論理だと言わざるをえない。

聖書に現れるユダヤ教・キリスト教の神は、人々に隣人愛を要求する者として描かれており、聖書には精神と身体の二元論の主張は見られない。むしろ神の存在は「大いなる他者」「我に向かって汝と呼びかける契機」であるかのように想定されている。つまり神の存在は「かけがえのない私」を保証するためにではなく、隣人愛を推進するために要請されているのである。言うまでもなく、隣人愛を遂行するためには我執を捨てなければならない。

こうした点に留意すると、独我論が二元論や唯心論の形而上学と表裏一体の関係にあることが分かるであろう。どちらも私が身体性を介して他者と生命的―自然的絆で堅く結ばれていることを理解していない点では同等である。知覚作用も意識の働きも「生きられる身体」を離れてあるものではない。また自我は他者と世界内存在（環境世界の中で生きること）を共有しており、そうした意味で身体空間を布置しつつ意識を作動させているのである。それゆえ「私である」という自覚は、自己の内面的心の奥底からではなく、身体表面と環境世界の臨界から生まれる。そしてこのことは、我々が孤独でありうるのは、我々が根本的に共同存在だからである、というハイデガーの主張につながる。彼によれば、石や山や机は共同存在という特質をもたないがゆえに孤独ではありえない。換言すれば、それらは他の存在物と自覚的な世界内存在を共有しえないがゆえに、自己内面への固執としての孤独を享受できないのである。裏返せば、人間における自己内面への沈潜は他者との世界内共同存在から派生する事後的現象であり、

「内面への折り返し」としての自覚は外部世界的起源をもつということである。

それでは人はなぜ独我論にはまってしまうのであろうか。その第一の理由として、精神と物質ないし心と身体の二元分割と強く連結した「主観と客観の対置」が人間の思考を呪縛してしまう、ということが挙げられる。内面への折り返しの結果生じた「私」の意識は、他者から覗き込みえない私秘的な領域を形成し、その領域はいつの間にか外部の環境世界にまで延び広げられ、世界というものが「私」の意識内容に還元されてしまう。その結果、他者の存在も「私」の意識に現れるものへと還元され、他者が「彼自身でもっている彼本来の心」は知りえない超越的なものとみなされる破目になる。そこから「この世に存在する唯一の心は私のもののみである」という強い独我論の見解へは一直線である。こうして独我論は、物質的身体はもちろん生きられる身体といったものまで自己の存在の外部に押しやり、真空の内面世界に沈潜してゆくのである。

こうした思考にはまった連中を考え直させるための一つの方策として「ぶん殴る」という手がある。これは何も冗談を言っているのではない。外界の実在性は、身体的ないし物質的抵抗感によって確認されるのである。他者の心の存在もまた然りである。「身体で覚えさせる」という言葉があるが、独我論が結局は臆見にすぎないことを分からせるためには、身体を介して意識を揺さぶるのが一番よい。そうすれば、彼らは理屈では割り切れないものを身体感覚で理解できるようになるであろう。

ちなみに、この「理屈では割り切れない」という点に注意することが、独我論を乗り越えるための重要な契機となる。というのも、独我論の陥穽は他の哲学的アポリアと同様に「すべてを理屈で割り切る」という姿勢から生まれるものだからである。すべてを理屈で割り切ろうとすると、言語や概念が生活連関から切り離されて思弁的使用に陥り、思考の空回りが起こる破目になる。「アキレスは決して亀に追いつけない」とか「飛んでいる矢は実は止まっている」というテーゼで有名なゼノンのパラドックスはその代表例である。純粋思考によってそれらを論駁することは極めて難しいが、身体で覚えた生活上の事実の観点からすればその誤謬は自明である。

独我論の克服のためには、それを内部から打ち破った哲学者の思想が大変参考になる。ウィトゲンシュタインは、その模範例である。周知のように彼は内面的苦悩に生涯苛まれた人であった。そうした傾向のゆえに彼は最初、世界と隔絶した形而上学的自我を主張していたが、生活経験を積むにつれて次第に独我論に対して批判的となり、「内面的心の状態など実は存在しない」という見解を表明するようになった。そして、面白い現象がこれに付随する。いわゆる偽善を排して素朴な福祉的実践を重んじる、という生活態度である。普通、内面的心を重視することが良心的行動につながる、というふうに思い込まれているが、彼の生き様にも反映している思想は、その思い込みが間違いであることを如実に示している。ただし周知のように彼は変人であり、トラブルメーカーであった。しかし、そこがまた汲めども尽きせぬ彼の魅力となっているのである。つまり、数奇な生涯とそれを貫く人間的誠実さとして（蛇足ながら、彼は稀有の男前であるにもかかわらず、生涯独身であった）。

以上のことを顧慮すると、真の自己実現に成功するためには、まず独我論の呪縛を打ち破らなければならない、ということが分かるであろう。ちなみに自分が独我論者であることに気づいていない人はけっこう多い。「他人の心など存在しない」という主張を非常識なものとして退けながらも、「心の科学などありえない」とか「精神病者を人間として扱う必要などない」と嘯く人たちが、そのような隠れ独我論者であると言える。つまり、独我論はあくまで心身二元論の偏見と深い次元で結びついているのである。そこで次にそれを克服するために身体と自我の関係について考察することにしよう。

五　身体と自我

前にも少し触れたが、身体は二様に捉えられる。まず解剖学や生理学によってその内実が明らかにされる物質的システムとして。次に体調や随意運動の感覚によって経験される「生きられる身体」として。両者は密接に関係しており、同じ根源から派生する二つの様相として理解できるが、カテゴリー的に異なったものとして捉えることもできる。普通、「身体」という言葉を聞くと、物質的システムとしてのそれを思い浮かべるが、自動車のボディーと同列に置くことはない。生理学や医学が解明する身体の構造と機能は、生命をもった物質システムのそれであり、そこには心的要因が既に入り込んでいる。とりわけ臨床医学においては、個別者としての患者の生を蔑ろにすることはできない。また、病気の経過に患者の心理が関与することは前章で触れた。そこで要求されるのは、物質的身体と生きられる身体の相互帰依性を銘記して、自我と身体の関係を考えることである。換言すれば、心身二元論に陥らない形で生きられる身体というものを理解することが必要なのである。生きられる身体は単なる身体意識や身体感覚ではない。

生きられる身体を説明するためによく引き合いに出されるのは、「私は身体をもつ」と「私は身体である」の区別である。前の文は身体を対象化し私の心から分離する二元論的視点を表しているが、後の文は私の心と身体が一体であることを表現している。つまり、身体が対象化される以前の様態で把握されているのである。そして、それは生命の本質に適合する捉え方であると言える。「私は身体である」ということは、自由意志と身体運動の感覚の相即関係に思いを寄せると強く実感できる。また、これまで生きてきた自分の履歴を想起すれば、「あのときの痛みを耐え抜いた私」とか「あのときの全身に漲った闘志」とか「あのときのハートを振るわせた喜び」という形で、自分が自分の身体を「生きていた」ということがまざまざと実感できるであろう。また、脚にある傷跡や下腹部の手術痕は、その痛みをかつて耐え抜き治癒の喜びに浸ったあの体験を鮮烈に蘇らせ、自分が身体を生きていたということを深く心に刻む。

鍛錬によって筋肉が増強されるような体験をした者は、腕力や脚力や運動能力の向上を「私そのもの」に属することとして実感する。ここでは体感と理解（思考）は分離しておらず、それゆえ身体と意識の間には分断がない。つまりまさしく、「身体が生きられている」ことが「身体である私」によって体感されているのである。このことは自由意志と随意運動の関係に注目すると理解しやすい。さらに「自己身体運動感覚」という要素を加味すると理解が深まる。「自己身体運動感覚」とは、自由意志発動に伴う身体意識と運動感覚のことであるが、そうした感覚と意識はまさに「私」の生そのものであるという自己帰属の実感を含んでいる。金縛りの体験は、この感覚を逆照射する現象である。

意識は清明なのに身体は縄できつく縛られたようになっており、自分の意志で動かすことができない。声を発して助けを呼ぼうとしても声が出ない。「手足を動かそう」「声を出そう」という随意運動発動のための自由意志の意識はあるものの、身体は動いてくれない。この憤りと恐怖が金縛り体験の中核をなしている。この体験において、一見身体と意識が分離して、「身体である私」が「身体をもつ私」に主導権を譲ってしまっているように思われるが、そのようなことはない。実はこの体験こそ「身体が私によって生きられている」ことを如実に示すものなのである。

普段使い慣れた眼鏡とか靴とか杖は、支障がない場合、その存在自体が気にかからなくなる。つまり私の身体ないし存在の一部となり、「私」と分離したものとして捉えられることがないのである。ところが、それらに支障が起きた場合、自分に後で付加された部品であるという意識がにわかに突出してくる。すなわち、「あるものが失われたとき初めてその存在の意味に気づかされる」という事態がそのとき生じるのである。しかるに、存在の欠如態は存在のポジティヴな様態を暗示する。それゆえ、金縛りの体験における表面上の意識と身体の分離は、実は深層における両者の一体性を逆照射しているのである。

メルロ=ポンティは、意識に日常上ってきやすく対象化して理解しやすい「顕勢的身体」の根底に無意識的な「習慣的身体」の層が存在することを指摘したが、これは自我と身体の関係を把握する際、大変役に立つ。「身体が私によって生きられており、私は身体そのものである」ということは、無意識的な習慣的身体が自己意識の根底に存していることを示唆し、同時に自己意識の根底に生物の基本的生活機能としての覚醒や気づきという認知機能が存することを暗示する。

覚醒や気づきは、行為や認知の主体（エージェント）への再帰的反省の程度が低い動物的な機能であり、身体の働きとの相即性が極めて強い。再帰的反省を核とする自己意識はこうした動物的機能の上に成り立つ上部構造であり、下部構造なしに機能するものではない。ただ自己の行為のモニター機能が強いので、一見身体を対象化して自己から分離できるように感じられるだけなのである。注目すべきなのは、「なぜそれがそもそもモニター機能をもっているのか」ということである。答えは「生存を維持するためだ」ということになるが、これが生命の本性に根差した自我と身体の一体性を含意することは言うまでもなかろう。

「意識する私」「考える私」の根底には「運動し、食べ、感じ、眠り、排泄し、セックスする私」つまり「生きる私」が存在する。つまり、身体を対象化する反省的意識は後発のものなのである。このことを顧慮すれば、「私は身体である」ということが容易に理解できるであろう。

六 「私」であるとはどのようなことか

周知のようにトマス・ネーゲルは「コウモリであるとはどのようなことか」という奇妙な問いを我々に投げかけた。なぜ奇妙かと言うと、我々と極めて異質な認知生活（反響定位法 echolocation による物体知覚）を送る生物の主観性を我々人間がどのように理解できるであろうか、というとんでもない問題を提起しているからである。コウモリは視覚機能が極めて弱く、その代償として、超音波の叫び声を物体に当て、その反響を聴覚によって捉えて外界を知覚している。つまり耳を目の代わりに使っているのである。そして、このような問いを立てるネーゲルの意図は、人は他の存在者の主観性をありのままに理解することはできない、ということを示唆することにある。しかしネーゲルは、ここで自らの阿呆さ加減を露呈してしまう。つまり、そのような問いを発するのは人間のみであり、コウモリのような野生的動物はそのようなことには無頓着だ、ということを彼は脳天気に見逃しているのである。

他人の心を慮るために自らの心の中を覗き込む（自らの在り方を反省する）、という機能は進化の果てに人間に備わったものである。換言すれば、「異質な主観性を理解することは極めて難しい」という観点が生じるのは、他の存在者の心を自らの主観性に照らして理解しようとする、人間の高度の認知機能のゆえなのであるが、彼はそれをコウモリに押しつける形で問いを立てているのである。そこには人間中心主義の浅はかな心の理解が露呈されている。コウモリをはじめとする野生の動物は、そのような神経質な視点をもつことなどない。そして人間のうちなる真の自己もまた、生命の奥深い働きに根差したものとして、そのような神経質さとは無縁である。

「コウモリであるとはどのようなことか」という疑問文は、外部の観察者から見られたコウモリの主観性は、「コウモリがコウモリ自身で感じ取っている切実な自分の主観性」とは本質的に違う似非主観性だということを示唆しようとしている。主観性を理解するということは、コウモリの「私であるとはどのようなことか」をコウモリ自身の立場から見る以外にない、というのがその趣旨である。この見方が実はネーゲル本人が自分の主観性をコウモリに押しつけたものであるという手厳しい批判は、話を面白くしないので、ここでは一旦脇に置いておくことにしよう。その代わりに、この問いを人間的自我の問題に適用してみよう。

我々はネーゲルにならって「私であるとはどのようなことか」と問うことができる。つまり、「私が私自身で感じ取っている切実な主観性」とはどのようなことか、と問うことができる。すると次のような疑問が付随して生じる。「なぜそのように問うのか」「どのようにしたらその問いに答えることができるのだろうか」というのがそれであるが、さらに次のような問いも頭を擡げてくる。「私の切実な主観性は、彼が〈それは君の主観的思い込みだね〉と言う場合の〈主観的思い込み＝主観性〉とはどう違うのだろうか」。

もし私が「彼は私を妬んでいる」と内心思っているとしたら、その想念は彼に対する私の振る舞いに図らずも表れるであろう。しかし彼が嫉妬心などもっていないとしよう。すると、彼は「君は私を誤解している」と言うであろう。そこで、次のような問いが立てられる。「私の主観性に属す〈彼は私を妬んでいる〉という信念は、私自身によってではなく、私の主観性の外にいる彼によってその誤りが指摘された。それでは、私の主観性とは私自身の内部で自己完結しているものなのか、それとも彼との関係性の中で初めて意味をもつものなのか」。

我々は、「私の主観性は、自分だけが直接アクセスできる内面的で私秘的な現象だから、他人の主観性とは比較を絶している」と考えがちである。しかるに、「他人と違う私」という観念は「他人も私と同類の主観性をもっている」という想念を前提している。ここで注意すべきなのは、「他人も私と同類の主観性をもっている」という文における「同類の主観性」という言葉が既に「自他の分断」を含意している、ということである。これは一見奇妙に聞こえるかもしれないが、深い真理を蔵している。そこで、それについて説明しよう。

「同類の主観性」とは、実は「お互いの、異質で比較を絶した内面的心」ということを意味する。ところが「同類の」という形容詞は我々に「異質で比較を絶した」という形容句とは正反対のイメージを喚起する。そこで我々は、「他人も私と同類の主観性をもっている」というテーゼに対して感情的に反発し、「異質で比較を絶した」という形容句の方に魅かれてしまうのである。しかし両者は実は同じ穴の狢(むじな)である。というのも「同類の主観性」という表現の中の「主観性」という語は、既に自他の分断と互いの異質性を含意しているからである。そこで、もし「同類の主観性」という表現の中の「同類の」という形容詞に反感をもつなら、それは「互いの異質性」をも否定することになってしまう。なぜ

図４－１　主我と客我

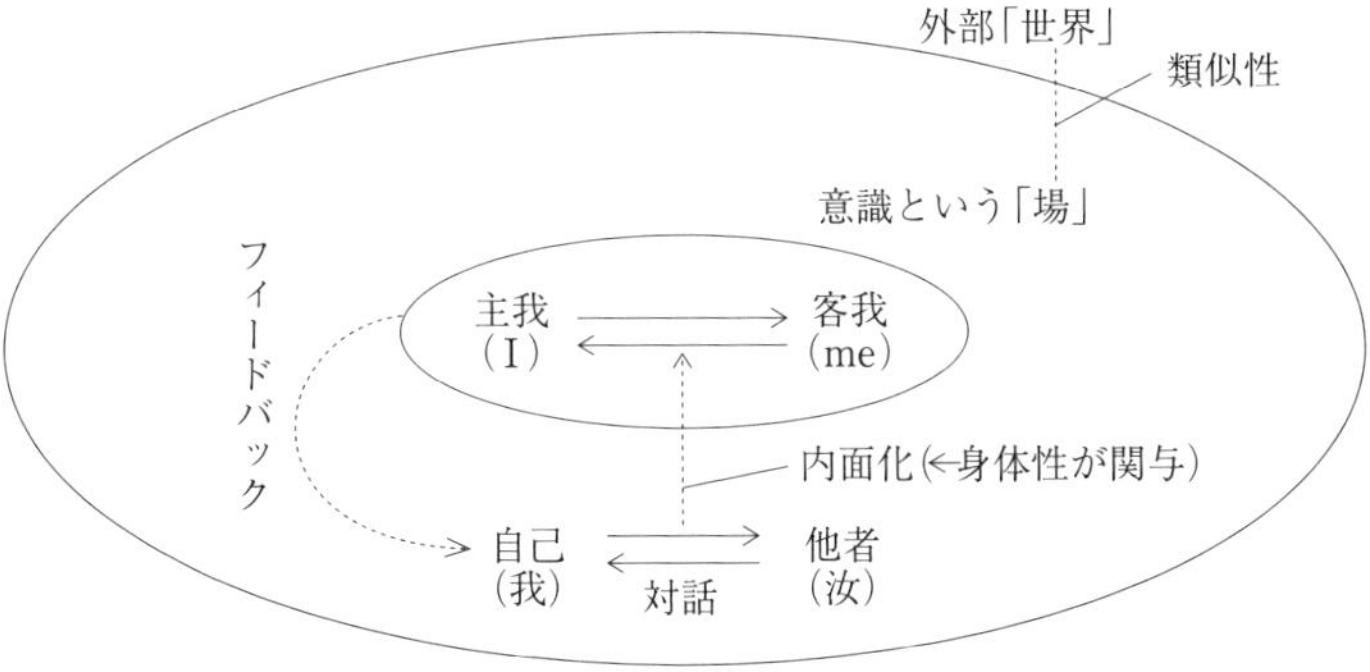

なら、「同類の主観性」という表現には、「お互いにプライバシーを守り合いましょう」という含みがあるからだ。しかし、ネーゲルや彼に類する考え方をする者は、このことに気づいていない。それゆえ彼らは、個人の主観性の間の断絶にばかり関心が向いて、主観性が他人との関係からのみ生じうる視点であるということを理解できないのである。

ここでジェームズやミードが主張する「主我（I）」と「客我（me）」の概念を考察に援用してみよう。「私であるとはどのようなことか」という問いは、主我による客我の反省と捉えることができる。つまり、ここでは自我の意識の内部で分裂が生じているのである。「主我」は意識全体の内容と経過をモニターしている自我の側面であるが、「客我」はそのモニター機能によって対象化された自我の側面である。すると、「主我」の方が本来的自我であり、「客我」に対して認識論的優位をもっているように思われる。しかし、あくまで一見そう思われるにすぎない。主我と客我の関係は弁証法的であり、どちらが先でどちらが優位に立っているかを簡単に断定することはできない。主我と客我は相互依存の関係にあり、片方が欠けるともう片方は意味をなさない。こうした「主我と客我」の関係は、あたかも「自己と他者」「我と汝」の関係のようである。つまり、個人の意識の内部の構造に外部世界における個人間の対話と交渉、つまり人間関係が反映するのである。

外部的人間関係においては、「私」は「君」や「彼」によって否定的に媒介されつつ形成される。それと同じように個人の意識内部において、「主我」は「客我」によって反省を深められる形でそのモニター機能が成長する。なぜなら「客我」は外部的人間関係における「君」や「彼」の社会的役割が自己の内面に取り込まれて生じたものだからである。だからそれは、そのままでは子供っぽい「主我」に反省を促し、他者への気配りという視点を授けるのである。そうしてモニター機能が向上した「主我」は「客我」からのメッセージを的確に把握し、社会的自我を成長させてゆくのである。

「私本人の切実な主観性」は、実は「それは君の主観的信念にすぎない」という他者の痛烈な指摘から反照的に生じる心的特質なのである。その際、素直に反省すれば他者と主観性を分け合っているという視点が生じ、社会的自我が成長してゆくであろうし、駄々っ子のように反抗して内面に引きこもり、自己に固執すれば、非社会的な主観性賛美の方向に逸脱するであろう。この考え方は、ネーゲル流の問いかけの成立根拠を多少意地悪な仕方で暴き立ててくれる。つまり前述の、ネーゲル本人が彼自身の主観性をコウモリに押しつける形で問いを立てているということを。

「私であるとはどのようなことか」という問いは「私は身体である」という視点を十分取り入れることなしに答えることはできない。そしてその視点は、幼児期の自他未分の癒合的身体経験に淵源し、感覚の原初的層を通して自然の根源的働きと生命的接点をもっている。その意味で、「私が自分の生を生きている」という実感は、他者と自然的生命を共有しているという脱自的感触から反照的に生じたものだ、と言えるのである。

練習問題

(1) 自我感覚の私秘性と公共性について説明せよ。

(2) 意識とは自我の観念が生じる「場」である、とはどういうことか。それを説明せよ。

(3) 我々はなぜ独我論にはまってしまうのだろうか。また独我論の弊害とは何だろうか。それらを説明しつつ、独我論から抜け出す方途を示せ。

(4) 「私は身体をもつ」と「私は身体である」の違いを、自分の病気や痛みやスポーツ（身体運動）の体験から論じなさい。

(5) 次のような考え方はどこが間違っているだろうか。「彼が私の内面的意識を理解できないのなら、私も彼の内面的意識を理解できない。これは主観性の質感が、公共の概念によって説明できないことを強く示唆する。それゆえお互いに心から理解し合う必要はない。人間同士の通常の対話は、内面の触れ合いではなく、機械的な情報交換にすぎない」。

第5章　クオリアとは何か

我々の意識は感覚情報によって形成される。そして感覚情報は意識に流入してくる際に「質（quality）」を帯びる。この質のことをクオリアと言う。つまりクオリアとは意識に現れる感覚の質である。質は量に還元されない主観的なものである。しかし、主観的とはいえ身体と自然から切り離して考えることはできない。このことを銘記してクオリアの本質について考えてみよう。

一　色を感じる心の艶

毎年春に咲く桜の花の色彩は、美しいスカイブルーを背景にして見事に映える。また冬晴れの日の雪原は、空の青とコントラストをなして秀麗な白銀の色彩を放散する。

秋の夕日に照らされた里山のもみじの紅（くれない）は、自然を心にしみじみと沁み渡らせる。また夏の入道雲の白は、少年の日の躍動感を想起せしめる、色彩の盛り上がりを象（かたど）っている。

このように自然の色彩は四季折々の様相を呈して我々の意識を照らす。その際、心は色を感じて艶を帯びる。それではなぜ色彩は我々の意識を高揚させ心を潤す作用をもっているのだろうか。その他の感覚要素と比べて、それをより印象深いものにしている要因は何であろうか。感覚には視覚のほかに味覚、聴覚、触覚、嗅覚、体性感覚などがある。またこれらの要素的感覚を統合する共通感覚というものも想定される。こうした諸感覚の中で色彩感覚は最も鮮烈であり、クオリア論の題材として偏愛されている。

色彩が他の感覚素材と違うところは、再現と模造がたやすく記憶に残りやすいこと、ならびに注意を引きやすく情報として際立ちやすいこと、が挙げられる。また、快感を引き起こす率が不快感を惹起する率よりもはるかに高く、選択的に知覚され認知的に情報処理されるので、よい印象が残りやすく、かつ高度の質が感得される、という要因がそれにはある。換言すれば、我々は能動的に快い色彩を求め、不快な色彩を視野から排除しているのである。我々は気持ちの悪い色からは積極的に目をそらし、自室や持ち物や着る物を好みの色でかためる。これは色彩感覚が視覚機能によって賄われていることに関係する。

視覚は自由意志での制御が最もしやすい感覚―知覚機能である。嫌な臭いや激しい痛みや騒音の知覚を自由意志で制御することは容易ではないが、嫌いな色彩や光景を知覚野から排除するのは簡単である。目を閉じるには〇・五秒もかからないし、目をそらすのも即座に可能である。それに対して、嫌な臭いに面して鼻をつまむときや、嫌な音に面して耳をふさぐときは、もっと時間がかかるし、防御度も低い。また、快い色彩や景観はデジカメで撮るなどして保存することができるが、よい匂いや味に対してはそのような保存の術がない。つまり、前者は持続的で後者は瞬間的である。確かに聴覚情報も音楽ＣＤなどによって保存でき、再現が可能であるが、視覚情報の記憶と保存の多様性には及ばない。

視覚が自由意志で制御しやすく、選択の幅が利きやすいということは、「主観性」という要素に関わってくる。そして、意識に現れる感覚の質としてのクオリアは、この主観性という要素に深く関与する。しかし、主観性については注意が必要である。それを独我論的に世界から孤立した内面的現象としてしまっては元の木阿弥である。「色を感じる心の艶」というものは、そのようなせせこましい無世界的内面性という意味での主観性からではなく、自然に根差した、生命性あふれる「身体的主観性＝主体性」から捉えられなければならない。

電磁波（光子）としての色彩は、網膜からだけではなく皮膚からも受容され、体性感覚に影響を及ぼす。つまり我々は、色を目によってだけではなく、身体全体でも感じているのである。暖色系とか寒色系という言葉は、これを象徴するものである。また、網膜から視床の外側膝状体を経て後頭葉の視覚野に至り、さらには大脳皮質全体からのトップダウン的影響を被りつつなされる「脳内視覚情報処理」は、脳内で自己完結するものではなく、身体の生理的状態やその世界内存在の様態によっても左右される。そしてこれは、情報の受容面からだけではなく、身体運動を伴った能動的な知覚作用の側面からも言えることである。

実験的に赤く塗った会議室の壁は、会議の参加者の落ち着きをなくさせ、攻撃的な発言を誘発する。また青い壁の部屋は、時間の流れを緩やかにし、鎮静的気分を引き起こすことが知られている。こうした例は受容面に関することである。それでは能動的な側面に関するのはどういう現象であろうか。

我々は、対象を知覚する際、注意と志向性の働きを介して身体の姿勢や位置を自由に変えるが、これによって身体的パースペクティヴが形成される。そして、この身体的動きが視覚の能動的側面を形成するのである。それゆえ、我々は目のみによってではなく、目を含んだ「身体全体」で対象を見ていることになる。これは現象学で言う視覚と触覚の綜合、ならびに進化心理学で言われる視覚の生物学的起源に関連する事柄である。

視覚が触覚と連動していることは、日常の反省的意識には上りにくいが、生命体の感覚作用の深層に意識化されざる様態で沈殿している。そしてそれは、人間に原始生物の基本的な感覚作用が刻印されていることを暗示する。目や中枢神経系がない原始的生物は、体表によって光を感知し、それに対する向性（tropism）を示す。進化の過程で神経節の発現から中枢神経系の形成へと進むと、外受容器官としての目ができあがり、視覚が触覚から独立するが、生命体の原始的特性を反映する、感覚の深層においては、両者は一体となっている。それゆえ、色を感じる心の「艶」という言葉は、体表による光や色彩の受容を象徴的に表現するものとして、趣が深いのである。

ただし、身体性を前面に押し出すタイプのクオリア論は、独我論的な主観性の信者には評判が悪い。なぜなら、そうした理論は、クオリアの主観的鮮烈さを平板化してしまうように思われるからである。このような反論は、鬱陶しいものであるが、全く無視するわけにもいかない。そこで次にそれについて考えてみよう。

二　クオリアの主観性

私の見ている赤と彼が見ている赤は本当に同じ「赤」であろうか、という問いは一見荒唐無稽なものに思われるが、よく考えてみると侮れない含蓄がある。そもそも「赤」のあの感じ（クオリア）を客観的に説明する言葉はあるだろうか。ここに赤のサンプルとしてイチゴやトマトがあったとしても、その「赤さ」は言葉によって定義できるものではなく、ただ感覚によってありありと感じられるのみである。逆に「赤さ」を定義するために「熟したトマト」や「旬のイチゴ」が引き合いに出される。それらは赤のイメージを喚起するために言及されるのである。

私の見ている「赤」は実は彼の見ている「青」であるという可能性は決して否定できない。というより、明確に根拠を示して、それを否定する術がないのである。確かに我々は、みな信号機が標示する赤と青（厳密には青緑）、ならびに黄を識別して交通ルールを守っている。しかし、これは三者の区別が常に一定なら可能なことであり、別に「赤」と「青」に対する各人の主観的質感、つまり「あの感じ」が同定される必要はない。それゆえ私の見ている赤と彼の見ている赤は、「〈あの感じ〉が同一のものであると確認される〈赤〉」である必然性はない。ただお互いに「赤」と発音しているだけかもしれないのである。

「赤」は六一〇～七八〇ナノメートル、「青」は四三〇～四六〇ナノメートルの波長の光（電磁波）である、という物理学的定義は、赤や青の主観的質感を抜きに理解できる客観的なものである。しかし赤や青の「あの感じ」は、光の波長によって表現できるものではない。ちょうど水の多様な性質が H_2O という分子式によっては表現できないように。そこには創発の要素がある。そして知覚者の主観がこの創発に関わっているのである。もちろん物理的システムの内部で既に創発の現象は起こっているが、クオリアの場合は知覚者と対象の相互作用が中核をなしており、それに両者を取り巻く周囲の状況が関与する。たとえば「曇り空の下で見る桜の花」と「抜けるような青空をバックに見る桜の花」ではクオリアが違ってくる。また知覚者の内的環境としての体調や気分もクオリアの感得に影響を及ぼす。これらすべてが融合して、クオリアの立ち上がる雰囲気を形成するのである。ここで知覚者の主観性は、世界から分離された内面性とか身体を欠いた非物質性として理解されてはならない。それは身体を生きる世界内存在として把握されるべきである。

　私の見ている「赤」の主観的質感と他者が見ている「赤」の主観的質感の同一性を証明することはできない、という考え方は、主観性を身体と世界から切り離す独我論的見地から生じる。身体と世界から切り離された純粋自我の純粋思考は、直接の経験を介さずに物事を抽象性のレベルで捉える癖がある。そしてそれは、クオリアを客観化できない非物理的な現象とみなす思考姿勢を派生させる。「赤」のクオリアは、直接それを経験したものにしか分からない。客観的な物理学的定義、ならびに主観性の神経基盤に言及する認知科学的定義は、赤という現象の構成の説明にはなっても「赤」の「あの感じ」をありのままに伝えるものとはならない。しかし、ここから「直接の経験によってのみ感得できるもの」を「非物理的なもの」に置き換えてはならない。それは誤謬推理である。

　「直接の経験」には純粋思考よりも身体性が深く関与する。それは理屈が生じる以前の肉体的で野生的な現象である。これを理解するためには、色彩よりも味覚や痛覚の方が例として適切である。「エスカルゴの味や末期癌の激痛は、それを体験したものにしか分からない」という見解に関しては、色彩クオリアの反転のような懐疑が生じにくい。なぜなら、そうした味や痛みは、思考を介さずに直接身体に訴えてくるものだからである。それゆえ、それらの直接の経験が非物理的主観性の刻印を帯びたものとして理解されることはない。つまり、その際、主観性が身体全体を引っくるめたものとして感得されているのである。こうした身体的主観性の意味でなら、クオリアは「主観的なもの」だと言ってもよい。しかし、それが非物理的で超自然的なものだということはない。我々は、決してただ「赤」という発音を共有しているのではなく、「〈赤〉の直接的経験」を身体性のレベルで共有しているのである。

こうしてみると、クオリアの主観性とは、「知覚者」と「対象」と「周囲の雰囲気」三者の相互作用が引き起こす「創発」という現象に由来するものであることが分かるであろう。創発とはシステムの複雑性を示唆する言葉である。創発性を無視した二元論的クオリア理解は、実は単純な割り切りから生じたものなのである。

我々は、仲間と連れ立ってコンサートや映画館や美術館に出かけるし、写真集に対して同様の感銘を覚え、CMによって購買意欲をそそられる。作者や企画者もそれを期待して諸々のクオリアを発出するのであり、各人が感じるクオリアが反転しているなどという観念は微塵もない。ただ、理屈ですべて割り切ろうとすると、前述のアポリアにはまってしまうだけなのである。ただし、こう説明されても、依然クオリアの神秘性は消し去りがたいように感じられる。そこで次に、その感慨を払拭するために、間主観性と自然の関係という観点からクオリアの創発について論じてみよう。

三　間主観性と自然

間主観性（intersubjectivity）とは、相互主観性とも言われるが、複数の主観の間の通約性を意味する。たとえば私の主観性は彼の主観性と一部が入れ子となっており、その重なる部分が共同世界の構築へと二人を駆り立て、コミュニケーションを可能にするのである。そもそも純粋な内面的私秘性というものは存在しない。言語や観念は他者とのコミュニケーションから生じるものであり、純粋な私的言語や私的観念は存在しない。我々が言語を習得したり、観念やイメージを構築したりするのは、それらを他者に伝えることを前提ないし目的としてなのであり、自分の内面界に閉じこもるためではない。そもそも主観性というものは、他者との共同生活を円滑にするために、発達の過程で身に備わるものなのである。これは個体発生のレベルのみならず、系統発生のレベルでも言える。

人類は、アウストラロピテクスからホモ・ハビリスを経てホモ・エレクトスへと進化する際に、言語的主観性の原型を獲得したとみなされているが、これが高度の霊長類的社会を生み出す基盤となった。つまり、ホモ・エレクトスに内なる目としての主観性の萌芽が宿ったのは、仲間との共同生活を円滑にし、生存の維持をより堅固なものにするためだったのであり、そうしたものとして生命的意味をもっていたのである。換言すれば、個体の内面的意識は、自らの主観性に照らして他者の内面を推察し、それによって間主観的に社会生活を合理化するための道具として、ホモ・エレクトスにその原型が授かったのである。

このように間主観性は生物進化に根差した自然的現象である。それゆえそれは、超越論的主観性によって基礎づけられる以前の生命的意味をもっている。そして、この観点を堅持するなら、クオリアが自然的間主観性をもった現象として、私秘的神秘性から解き放たれ、その本来の意味が理解できるようになる。

アウストラロピテクス以前の古い霊長類、そしてより古い哺乳類の祖先は、既に色を識別する能力を備えた動物であったが、こうした動物の視覚機能と色彩感覚能力は、色鮮やかな花や果実をつける植物の能力と共進化した、とみなされている。ほとんどの霊長類は果実を食べるので、糞便とともに未消化の種子や有機肥料を提供して、植物の成長に寄与していた。こうして霊長類は熱帯雨林の植物の進化において「選択をする者」として働き、それゆえに花や果実の色、香り、味が末裔たる我々を魅了するのである。つまり、我々が果物や花のクオリアに魅かれるのは、我々の遺伝子に刻印された古い祖先の生命感覚が喚起されるからなのである。そして、このことを顧慮すると、クオリアの私秘性が解体され、それが自然的現象としての伝達可能性と公共性をもっていることが理解可能になる。

私が見ているバラの色や私が感じている桃の味は、彼が見ている同じバラの色や彼が感じている同種の桃の味と基本的に同じクオリアをもっており、それらが比較を絶しているということは決してない。ただ好みや志向性によって、感得されるクオリアに若干相違が生じるだけなのである。これはパースペクティヴの相違を表すだけで、主観的私秘性や非物理的性質や超自然性を示唆するものなどではない。

このように考えれば、スペクトル逆転の発想とかクオリアの独我論的解釈というものの虚構性がより明瞭となるであろう。クオリアは生存の維持に奉仕する間主観性に根差した自然的意識要素であり、強い意味での独我論的主観性を示唆する現象ではない。ただ、自然（生命共同体と生態的環境）の中での「我」の存在を改めて実感させてくれるので、主観性に深く沁み渡るだけなのである。そして我々は、その感動を他者に伝え、共感を得ようとする。全く私秘的な現象だとしたら、そうした意欲は生じないであろう。ちなみに「客観的に説明できない」という点も、主観と客観の強い対置からではなく、自然的間主観性の観点から説明されるべきである。そうすれば、変な二元論や神秘主義への逸脱を避けることができるであろう。

クオリアは実はそれほど大仰に扱われるべきものではなく、我々の人生を豊かにし、感性を磨くことに寄与する、さりげない現象である。ただし、それは意識と生命の関係を理解するための重要な契機となる。そこで次に、それについて考えてみよう。

四　意識・生命・クオリア

「私が生きている」という実感は、意識の身体的主観性と相即不離の関係にある。意識の身体的主観性とは、自分が意識経験の主体であるということの身体的感覚を指す。つまり、「私は経験の多様な相を統覚している意識的有機体（conscious organism）である」ということを、それは示唆しているのである。たとえば、我々は〈鮮烈な色彩〉や〈時間の滞った感じ〉や〈肌を刺す寒さ〉や〈ずきずきする痛み〉や〈とろけるような旨み〉を経験するが、同時に「私はそれを体験している」という生き生きとした質感をもつ。そして、この質感は個々の感覚器官や知覚モジュール間の柵を越えて、生命システムとしての世界内属的身体の包括的感覚に行き渡る。つまり、我々は全身の生命性をもって音を聴き、臭いをかぎ、色彩を見、ビロードに触れ、柔らかな日差しを感じるのである。ここでは視覚、聴覚、嗅覚、味覚、触覚といった個別的感覚の間の分断が緩み、共通感覚が顕現する。そして、これが感覚の原初的層を示唆し、この原初的層から身体的主観性の生命的質感が創発するのである。ちなみに、個別的感覚の中では体性感覚が、この原初的層に最も接近している。体性感覚は表面感覚（皮膚感覚）と深部感覚からなるが、この場合、後者が特に重要である。

深部感覚とは、関節の動きや筋肉の深い層の感じや体位の把握に関わるものであり、基本的に自己の身体的在り方に方向づけられている。目を閉じても感じられる手や足の位置、あるいは姿勢といったものに関する身体図式的感覚は、深部感覚と密接に関係している。また、逆立ちしたときとか眩暈（めまい）を感じたときにも、この深部感覚と密着した身体図式的感覚が顕現する。裏を返せば、それは普段、感覚の深層的統合層として潜在的に機能しているのである。それゆえ、それは意識と生命の接点をクオリアに向けて理解するための鍵となる現象である。

ただし、意識と生命の接点を探るためには、深部感覚とともに「自己身体運動感覚」というものも顧慮しなければならない。「自己身体運動感覚」とは、「私が自分の身体運動の担い手（主体）である」という生き生きとした自覚的感覚を指す。たとえば、朝起きて軽く身体をほぐすような体操をするときとか、ロッククライミングしているときとか、綱引きの最中自分の力の入れ方に注意が向けられたときとかに、それは感じられる。また、骨折や脱臼に対してはめられたギプスが取り外され、久しぶりに手や脚を動かしてみるとか、こむら返りや金縛りから解放されたときとかにも、それは感じられる。そして、こうした体験には常に身体運動と身体図式の再帰的感覚、ならびに自分が自由意志の発動者（動因）であるという自覚的意識が伴う。この「発動者である」という感覚こそ意識と生命の接点を示唆する現象なのである。ただし、意識と生命の関係を精確に把握するためには、この感覚を取り上げるだけでは不十分であり、自己認知の時間空間的構造を考慮する必要がある。

我々は日常「私は誰、ここはどこ」という見当識不全の状態に陥ることなく、自己同一性の感覚を保って生活している。つまり我々は普段、自分の意志によって自分の体を動かすことができるというダイレクトな身体感覚、自分を他者から明確に区別できる自己同一性の意識、過去の履歴から将来の展望へと延び広がる整合的記憶に裏打ちされた自己感覚、という三つの要素を保持しつつ認知生活を送っているのである。そして、この三要素は自己認知の時空構造を示唆する。つまりそれらは、身体の空間性と対人関係の空間性と自己意識の時間性を指し示しつつ、身体的世界内存在の主体性（意志発動の担い手感覚）の生命的基盤に目を開かせてくれるのである。

人間の生命には時間性と空間性がある。また意識にも時間性と空間性がある。さらに、クオリアも時間と空間の要素によって彩られている。およそ時間と空間は経験の根本的形式であり、この「経験」を介して生命と意識とクオリアは合流するのである。分子生物学的生命観が優位に立つ今日の状況では、生命は意識や経験と切り離されて唯物論的に理解される傾向にあるが、それでは生命の働きを十分捉えたことにはならない。また心身二元論的考え方では、意識や経験は生理学的物質性から切り離され、同時に生命や身体性からも分離されてしまう傾向にある。先述の「生きられる身体」というものは、生理学的物質性と意識的要素を包摂する現象であり、その意味で筋骨格系の感覚や皮膚による刺激受容の感覚と無縁のものではない。ただ、意識的感覚の要素が前面に出やすいので、生理学的物質性が背景に退きやすいだけなのである。内面的主観性という意味での意識的経験のみを示唆する現象だとしたら、それはそもそも「身体」と呼ばれえないであろう。それが身体の名に価するのは、物質的身体の生理学的システムを「世界に関わる生命体の意識」の目的論的性格に合流させる意味合いをもっているからである。そして、この目的論的性格にクオリアの発現が関係している。

ここで再び人類進化論の話を取り上げよう。現生ホモ属の原型は、今から約七〇〇万年前に類人猿から分岐して誕生したとされているが、その後約三〇〇万年を経て登場したアウストラロピテクス（南方の猿人）において現生人類の生物学的特性の原型が現れる。それは直立二足歩行という特性である。それが進化してホモ・ハビリス（道具を使う器用な原人）となった。そして、さらに進化してホモ・エレクトス（直立原人）となり、現生人類誕生の基盤を堅固なものにした。アウストラロピテクスは直立二足歩行をしていたとはいえ、若干前屈みで、樹上生活の名残が少しあった。また、その脳の容積はチンパンジーなみであり、手の器用さと発声器官の発達は不十分であった。その後、道具使用のための手の機能と発声器官の構造が進化し、直立二足歩行生活のための骨格が完成した。これに脳の容積の増大とその機能の向上が並行したことは言うまでもないが、脳の進化が脳単独のものではなく、生命システムとしての身体全体性との連係においてなされたことに注意しなければならない。つまり、環境の中で生きる生命体の情報処理機能が中枢と効果器の連係によって営まれていることを考慮しなければならないのである。

直立二足歩行、道具の使用と手の機能の発達、記号や音声言語によるコミュニケーションの複雑化といった生命体の効果器的要因は、脳の進化に深く関与している。とにかく、脳は生命システムとしての身体に有機統合され、環境の中で機能する情報システムであるということを銘記しなければならない。現生人類でも、乳幼児の頃に野原に捨てられて野生児として育てば、類人猿なみの認知機能しか獲得できないことは、アヴェロンの野生児の例などが如実に示している。

ちなみに、色彩を知覚するための脳神経システムは、アウストラロピテクスと現生人類では大差はないが、その感覚情報をクオリアとして表現する能力は後者の方がはるかに高い。これには言語的思考による再帰的表象能力の向上によるものと考えられる。

現生類人猿でも人間の幼児でも、言語的表象能力を欠く者は「赤」を剝き出しの自然態で感じているであろうが、ひとたび「赤」という言葉を覚えると、記憶と参照と他者への伝達という要素を介してクオリアの再帰的表象像ができあがってしまう。そして、それを超自然的な主観性の領域へと引き込む癖が派生する。しかし、クオリアはもともと言語以前の生命的感覚を象徴するものであり、その意味で認知の目的論的性格を示唆するものと思われる。

たとえば血の「赤さ」は、生命の危機のシグナルを「思考を介さない感覚意識」に直接送ってくる。生命体が赤い血を流しているという光景は、同胞を救おうとする感情や敵を駆逐したという満足感を引き起こすが、その根底に存するのは生命の目的論的性質であり、それに基づいた認知の生命的特質である。そこで「血の赤のクオリアは、内面的主観性によってのみ捉えられる超自然的現象なので、他者のそれと直接比較できないし、客観的に説明できない」という主張が妥当かどうか、という問いは当然頭を擡げてくる。答えがノーなのは自明であろう。誰も、自分や他者の流血に面して、その「赤」の鮮烈なクオリアが主観的に特例化された現象だとは感じないはずである。そんなことを考えていたら、他者の生命のみならず自己の生命も危うくなる。我々の認知活動は基本的に命がけのものであり、それは平穏な状態にも当てはまる。ところが、活動的状況から身を引き、反省的思考に没頭すると、にわかにクオリアの独り歩きが生じる。つまり、それが生命的連関から切り離され、言語的表象空間内での抽象態から捉えられるようになるのである。これではクオリアの目的論的意味は理解できない。

ここで仮想的状況を頭に描いてみよう。一人のホモ・エレクトスが崖から落ちて、右脚を骨折し血を流している。それを見た通りすがりの別のホモ・エレクトスが、肩を貸して抱き起こし、横になれる場所まで二人でよたよたと歩いてゆき、手当てを始める。そのとき二人の間には、分節不全で語彙の極めて貧しい原始的会話がなされるであろう。そして、血の赤や身体の触れ合いや二人で見た夕日をめぐって、感覚質の原初的な再帰的表象像ができあがるに違いない。もちろん、そうした体験以前にクオリアは、既に剥き出しの自然態において感得されていたのであるが、そのとき初めてそれが主観的な切実さをもつもとして間主観的次元で認知されるのである。これが示唆するのは、個人の人格の尊厳の軽視などではなく、主観性の自然的起源であることは、言うまでもなかろう。主観性は、客観的に説明できる物理的現象ではないが、あくまで自然的現象として理解できる。換言すれば、それは深層物理を暗示する根源的自然（ピュシス）に根差した生命的現象なのである。

こうした把握を原点に据えれば、意識と生命とクオリアの関係が明確に理解できるようになる。要するに、クオリアは世界内存在としての生命システムがその認知機能を働かせるときに随伴して生じる一種のきらめきなのである。ただし、その印象は極めて強く、それだけを取り出して主観的に特例化することもできる。しかし、その本性はあくまで、意識が生命的自然に根差した現象であることを主体に知らしめることにある。そして、そのきらめきはミラーのような機能をもち、我々の間主観的反省能力を強化する。それゆえに我々は、自己および他者の Quality of Life を向上させるために意識（consciousness ＝良心 conscience）を働かせることができるのである。

練習問題

(1) 色彩情報はなぜクオリアとして際立ちやすいのだろうか。

(2) 視覚と触覚の綜合が生じる状況を想い起こして記述しなさい。

(3) クオリアの主観性に関する「独我論的理解」と「自然的間主観性に基づいた理解」はどう違い、どちらが事象適合的であろうか。

(4) 進化心理学によるクオリア理解の長所を述べよ（他の文献を参照してもよいから）。

(5) 身体性と共通感覚と生命の関係をまず説明し、次にその関係がクオリアの創発にいかに関与するかを説明しなさい。

第6章

「いのち」の本性――自然と生命

心とは、死すべき定めにある人間が自らの存在を反省するとき際立つ認知的現象である。それゆえ、心と生命の間には深い関係の輪がある。また、生命は生理学的物質系の働きとして捉えられると同時に心性を含む生態学的システムとして理解することもできる。そして、この両側面を包摂する概念を「いのち」と呼ぶことができる。ここでは、この「いのち」の本性を、心と自然の深いつながりから考えてみることにしよう。

一　生命概念の二義性

「生命」の概念には二義性がある。一つは、分子生物学を中心とした生物学系の学問が説明する、遺伝情報の伝達と複製、ならびに生理学的システムの統制と維持といった、生命のメカニカルな側面に定位したものである。この側面は、今日、生命理解の主導役を果たしているが、「生命」の奥深い本性を求める人々には物足りないものに感じられることもまた確かである。そこで、もう一つの側面のお出ましということになる。それは、心性を含んだ「生命」の意味を問い求めるものであり、必然的に人間的生死の問題に帰着する。つまり、そこでは人間的生き方の問題が関心の的となっているのだが、単なる精神性に流されるものにとどまるわけではない。たとえば、自然環境における生命体の存続といったような生態学的関心もそれには含まれている。もともと「心性」とは、生物の行動を含む概念であり、生態学的生命の問題系と無縁のものではない。それゆえ、生命概念を単純に「生物学の還元主義的規定」と「人間的生死の問題に定位した精神主義的規定」というふうに二分割することは、事の真相を見失わせる元となる。

この思想的対立は生物学の内部でもかつて起こっていた。周知の、機械論と生気論の対立はその代表例である。機械論は、生命を物理的な自然現象とみなし、生命の本質の規定から目的論的見方を徹底的に排除するものである。つまりそれは、生命の働きを生理学的物質系の物理的因果関係に還元し、超自然的な精神的要素を容認しないのである。この考え方は古くからあったが、生命体の物質的構成要素の詳細が明らかになるにつれて洗練度を増し、今日に至るまで信奉者は後を絶たない。前世紀の後半に勃興したＤＮＡ還元主義や遺伝子決定論は、機械論の洗練された現代版である。他方、生気論は、生命の本質を生理学的物質系の物理—化学的組成に還元できない超自然的力（生気）に求め、機械論の決定論的で唯物論的な見方を否定して、目的論的な生命観を主張した。この考え方もまた古くから存在したが、生物学と物理科学の結託関係が強化され、生命活動の物理的メカニズムの詳細が明らかになるにつれて次第に衰退していった。一九世紀以降に生まれた新生気論の流れも存在するが、細々としたもので、自然科学者間では評判が悪い。

このように、機械論と生気論では基本的に機械論の方が優勢に立っている。しかし機械論で生命の本質が見通せると考えるのはあまりに楽天的すぎる。生気論の考え方に矛盾点があるのと同様に機械論の主張にも無理があるのだ。これは、よくある感情的な反唯物論の立場からの暴言ではなく、要素還元主義に毒された機械論を批判するシステム論的な生命科学の観点から言えることである。実際、ここ百年間の科学史を顧みると、機械論と生気論の対立が有機体論とシステム論によって克服されていった経路がよく分かる。機械論では、生命活動のもつ環境内属性や生態的共存性といった現象は説明しにくいし、生命体のもつ心的性質や合目的的な行動を十分理解できない。つまり機械論は、あくまで生命現象の物質的基盤を要素還元主義的に論じているのであり、生命の創発的なシステム特性を視野の外に置いているのである。

生命の本質の一つに「他の生命体との共存」という契機がある。これは、一つの生命個体の内部で起こることではなく、二つ以上の生命個体が相互に交渉して生じる現象である。そして、この現象の本質は、個体内部の生理学的物質組成をいくら調べても明らかにならない。それは生命個体同士の生命的相互作用を通じて創発する行動的―生態的特質なのである。つまり、それは個体に対して外在する生命要因である。たとえば、生物種の絶滅や繁栄、進化上の特例事象、生物間の抗争、人間世界での他殺・自殺といった現象は、ゲノムの特性と無縁ではないが、個体内の生理学的物質組成のみから説明できるようなものではない。そうであるためには、あまりに環境的―生態的要素によって彩られすぎている。しかし、このような要因は、物質的基本要素の発見のもつ吸引力に圧倒されて見失われがちとなる。ちなみに、そうした傾向は心身問題の論上でもよく現れる。特に脳科学の急速な進歩を背景とした今日の心脳問題の論上で、その傾向が顕著である。そこで、還元的唯物論に対する反発が勃興してくるわけである。生命論の舞台でも心脳問題の論上でも。

ただし、その種の反発は、外在的要因を内面化ないし精神化して生じたものなので、ナイーヴな反唯物論にとどまってしまう嫌いがある。生気論にしろ、唯心論にしろ、それらの立論は、本来個体間の相互作用から創発する外在的要素を不当に内面化する形で神秘的領域に引き込み、それをもって生命や心の本質を理解したと自負したところに根本的誤謬があったのだ。この傾向はコトをモノに貶める存在論的低級さを露呈している。生命体の構成要素はモノであるが、生命の活動的特性はプロセス的な関係的存在様式をもっている。ちなみに、この存在様式は、構成素の線形的加算からではなく、関係性や相互作用から創発する全体性の現象論的特性から把握されうる。そして、これが生命をコトとして理解することを意味する。

肝要なのは、生命の本質を環境の中で生きる有機体の存在様式から捉える視点を堅持しつつ、遺伝子や細胞を中心とした個体内の生理学的システムを非還元主義的にその存在様式の一契機に組み込むことである。人間的生死の問題に定位する人文系の生命理解は、この組み込み作業ができないので、生理学的メカニズムを不当に無視する傾向がある。特に宗教的関心が強い場合そうなりがちである。

人間には生理と心理という二側面があるが、これらは生命活動の一環として本来不可分のものである。しかし、我々の概念把握は基本的に要素還元的なので、「生理と心理」を「右と左」「北と南」のような対極関係に置いて、それらの一体二重性になかなか目を開くことができない。つまり、両者がメビウスの帯のような裏表連続性をもっていることが理解できないのである。もちろん両者の区別は必要である。しかし区別は断絶を意味しない。両者は、あくまで生命の親和力によって呉越同舟しているのである。

それでは、この呉越同舟を可能ならしめているのは何であろうか。それは自然の根源的働きである可能性が高い。そして、このことに自然と生命の関係が関わってくる。そこで次に、それについて考えてみよう。

二　自然と生命

自然と生命の関係は根深く、その関係を把握することは、両者の根源相の理解へと導く。換言すれば、両者は相補的な概念であり、両者の概念に懸隔があるような把握は根源からの逸脱を意味する。

前節では生命の把握に機械論と生気論の対立があることを指摘したが、自然の把握にも機械論的なものと生気論的なものの対立が見られる。これは、自然を生命あるものと生命なきものへと二分する思考傾向を表しており、必然的に自然と生命の概念的相補性を示唆する。しかし現実には、自然概念の二分化は、この相補性の無視から生じている。

機械論的自然観は、西洋文明に特有なものとよく言われるが、自然を物理的因果関係からなる決定論的なものとして把握し、その中に自発的な自己組織能を認めない。つまり、自然の中に生命的要素を容認せず、結果として心性との関係を断固否定するのである。こうした考え方では、人間における自然と心性の融合という視点は生じる余地はない。それに対して、西洋古代のアニミズム的自然観に由来する思想は、自然に生命性を認め、機械論的決定論を拒否する。こうした姿勢は、近代以降も継承され、物理学と生物学を統合するシステム科学の進歩とともに、より洗練されたものとなってきている。近世以降の哲学者ではゲーテとシェリングとホワイトヘッドがその代表者である。また、東洋では機械論的自然観はほとんど興隆したことがなく、伝統的に生命的で情感的な自然観が優勢である。日本でも、西洋文明伝来以前は、もっぱら非機械論的自然観が人々の心を支配していた。明治以降西洋の科学技術が輸入され、自然の物理的―因果論的把握が取り入れられたが、民衆の心性にはやはり伝来の情感的自然観が深く根づいている。和魂洋才という形で。

ただし、自然把握の多様性は、右に挙げた機械論的自然観と生命的―情感的自然観の二分法には尽きないし、よく言われる西洋的自然観と東洋的自然観の二分法も事の真相を十分捉えたものとは言い難い。「物理的でありかつ生命的でもある自然」という理解も存在するのである。たとえばホワイトヘッドはそうした自然観の洗練された形態を保持していた。彼によると、「生命なき自然」と「生きている自然」を従来の物心二元論（心と自然の二元論）に即して区別しても何の益もない。肝要なのは、物理的自然と生命のどちらにも偏ることなく、両者の間の相補性ないし相互帰依性を見抜くことなのである。そうすれば、人間における心と自然の関係が、心身二元論による偏向を免れて、有機体論的に理解可能になる、というわけである。デカルトの心身二元論が見落としているのは、植物や低級な動物のような低い生命形態のもつ意味であった。それらは人間の心性と無機的自然の中間に位置し、それゆえ両者とかすかに接しているのである。アリストテレスの言う「植物の心（プシュケー）」は、そうした理解の原初的形態を示すものである。

アリストテレスが目的論的な自然と生命の理解を堅持していたことは有名だが、この観点は、自然と生命の関係を考え、そこから人間における心と身体の関係を再把握し、さらには生物学的生命と人間的生死の問題を架橋する「いのち」の概念を彫琢する、という目標にとって極めて有益である。そこで次に、それについて論じてみよう。

三　生物学的生命と人間的生死

我々人間は精神的存在であると同時に自然的生物でもある。それゆえ人間的生命について考える場合、「自己の在り方を意識する心的存在」と「自然発生した物質的生物システム」という両側面を顧慮しなければならない。普通、人間的生死の問題は、死へと関わる意識の側面から取り上げられがちだが、自然的生命の因果的定めといったものも思考に取り入れないと、空虚な観念論的議論に終わってしまう。

たとえば、癌によって余命いくばくもない場合、「自分の人生は何のためにあったのだろうか」とか「まだやりたいことがある」という形で生命の意識が自分に降りかかってくる。しかし、どうあがいても癌の進行は思考によって抑えられず、死の時は刻々と近づいてくる。そこで、自らの生命の意識に生物学的生命の概念を取り入れざるをえなくなる。ただし多くの人は、そのようなことは思いつかない。

むしろ、ひたすら死の意識に生命の本質を括り込むのみである。医学や生物学の知識があったとしても、「自己の死」という実存的問題に関しては、その知識が役立たないことが多い。ある著名な免疫学者は、脳梗塞の後遺症の苦しみから逃れるために自殺を何度も思い立ったことを告白している。

医学や生物学で論じられる死や生命は、基本的に観察対象となった他者や他の生物のそれなので、意識の問題を取り込めないままのものにとどまる。ところが本来、人間的生命の問題は「死の意識」を抜きにして論じえないものである。換言すれば、人間的生命の観念は、それを生き抜く各人の「自らの死への関わり」から反照する形で、意識に現れるのである。つまり人間的生命とは「死を介した生命の自己反映的意識」なのである。ただし、それには尽きない。もし、人間的生命を自己意識とだけ密着させて自然的な生物学的定めから切り離すなら、生命の問題が意識の問題に還元されたことになり、結局は前述の空虚な観念論に終わってしまう。肝心なのは、心と自然を分離させず、生きた自然という観点から人間的生命の問題を捉え直すことである。

生物学的生命は、確かに外部の観察者から見られた対象的性質が強いが、それにとどまるものではない。生物の基本的特性は、環境の中で他の生物と共存し、系統発生的に進化し、個体発生的に発達・成長し、必ず死ぬ、という点が挙げられる。意識の働きは生物種の脳の発達によって大きく違ってくるが、基本的に生命に根差した現象であると言える。つまり「環境の中で他の生物と共存し、発達・成長し、必ず死ぬ」という生命の基本特性が意識の構造に反映するのである。

意識の働きの最も低い層は「覚醒（arousal）」というもので、これは刺激に対して反応し、食物を求め、危険を察知する生物的行動の非表象的ないし非自覚的モニター機能を意味する。この「覚醒」の上に、よりモニター機能が精密な「気づき（awareness）」があり、さらにその上位に言語的表象能力を伴った「自己意識（self-consciousness）」がある。普通、「意識」というと最上位の「自己意識」を暗に指すことが多く、コンピュータの働きにも似た機械的な「気づき」や、およそ「意識」とは縁遠いように感じられる「覚醒」などは、「意識」の範疇から外されがちとなる。だから「イヌやネコの意識」といった表現に反感を覚えるのである。確かに、「自己意識」は人間にのみ認められる高度な認知機能であるが、それが生物進化に根差した自然的現象であり、下位の意識機能の恩恵の上に働く生命現象でもあることは銘記されなければならない。

それゆえ、生物学的生命と人間的生死の関係を考える際には、意識と生態的行動の関係を十分顧慮し、死を過度に内面化せず、他者との共存という契機を介して、それを生命の大いなる連鎖の中に昇華する姿勢を堅持すべきである。自己の死に関する実存的意識は確かに切実であるが、個人の死があるからこそ全体としての生物種の存続が可能である、という側面を無視してはならない。死を過度に内面化するから死の恐怖は巨大化するのである。生命あるものは必ず死ぬ。死の自然というものを謙虚に受け入れれば、自己の意識は内面性の殻を破って、生命の大いなる開けとしての自然に向かって脱自することができるのである。

ただし、こう説明されても、依然人生の意味は謎のままであるように感じられるであろう。はたして人生には意味があるのだろうか、という問いは古来、人々を悩ませてきた。自然的因果性と精神的目的論の対置という単純な図式は既に破綻した。機械論と生気論の対置はより深い次元に向けて乗り越えられなければならない。我々はもはやどちらかに加担して満足することはできない地点にいるのだ。

四　ニヒリズムの克服

ニーチェによる神の死の宣告とダーウィンの進化論は、西洋人の生命観と心性に激震を引き起こした。神の被造物として神聖視されてきた人間の存在がアメーバからサルに至る単なる自然的生物の子孫へと貶められ、かつ同時に彼岸への希望が絶たれたからである。もはや我々は死後の世界に救済を求めることはできないし、自然の因果性に逆らうことも人間を特別視することもできなくなった、というわけである。ここからニヒリズムの思想が発生するのは当然の成り行きであった。ニヒリズムとは存在の空虚さと人生の無意味さを主張する思想的立場である。

ニヒリズムがあからさまに興隆し始めたのは一九世紀からであるが、それに類する思想は洋の東西を問わず古くから存在した。そしてその多くは、「超自然的原理が存在しないのなら我々の人生には救いがなく、ほとんど無意味である」という心情を核としていた。それから抜け出す道は多種多様であったが、根本にある自然―超自然、自由―決定論、宗教―科学、精神―物質、獣―人間といったお決まりの二元論的対立図式に災いされて、ろくな解決策がなかった。ただし古代において一人際立った人物がい

図6－1

た。それは存在論と生物学の祖アリストテレスである。彼は、目的論的な自然観と生命観をもっていたので、反自然主義的なニヒリズムの傾向を微塵たりとももち合わせていなかった。それに対して、彼の師プラトンは、二元論的図式に基づいた精神主義を信奉していたので、後にそれに対するニヒリズム的反動を引き起こす破目になってしまった。ニーチェによる神の死の宣告は、実はプラトン主義的キリスト教の思考原理の批判だったのである。

前述のように、現代の生命観は基本的に機械論的決定論に傾いているが、洗練された目的論が要請されつつあることもまた確かである。では、こうしたことはニヒリズムのどのような側面に関わってくるのだろうか。デネットは『ダーウィンの危険な思想』に上のような面白い図を載せている（同書、四三七ページ）。この図にもあるように、「食って、生き残って、子孫を残して、一体何になるのだろうか。何のために生きているのだろうか」という問いは、進化の果てに生じた人間という生物に特徴的なものである。つまり、この問いは、意識の最上層に属す、言語的表象能力を伴った「自己意識」をもつ人間のみが明確に発することができるものなのである。もちろん、単なる生存のためには、それは必要ではないのみならず、余計なものですらある。

トカゲやワニは、自分の行動はある程度モニターするが、その意味までは意識しない。まして や自己の存在の意味に注意を引かれて、行動を止めることなどない。もちろん、そうできるほど脳の機能が進化していないという理由もあるが、第一義的には、そうすれば生存が危ぶまれるからである。サルとなると、行動のモニター機能が自己意識の最低層に届きそうな気配を見せるが、やはり本能的生命意志に服している。ちなみに、人間が、前掲の図のように立ち止まって考え込んでも死の危険にさらされないのは、種の生存維持機構としての社会制度が充実しているからである。また都市部では、猛獣は檻の中に入れられている。

ニヒリズムは、彼岸信仰の破綻からだけではなく、機械論的生命観からも生じる。つまり生命の意味や目的性が見失われたとき、空虚な人生観が頭を擡げてくるのである。しかし、そこから超自然的次元に逃げ込んではならない。あくまで意識と生命の関係を自然主義的に把握しなければならないのである。つまり、深い意味での目的論的な自然主義に根差した思索から。

我々は難しい問題に直面すると、すぐにブレイクスルーを求めてしまう。心脳問題の場合も生命論（人生論）の場合もそうである。肝要なのは、意識の問題と生物学的定めの問題をまず区別し、次に両者に関する個別的考察を行い、その後漸進的に両者の融合を行うことである。その際システム論的思考法を駆使しなければならないのは言うまでもない。

「(私は)なぜ生きているのだろうか」とか「(自分は)何のために生きているのだろうか」という問いは、本来個別者の立場から発せられるものである。したがって、それを普遍的な文化観とか自然法則の問題に切り替えることは、紛糾を免れえない。個々人の人生経路は時間空間的に唯一無二のものであり、それを普遍的概念の尺度で測ることはできない。つまり個別と普遍の対立は、人生論の場ではあくまで厳然としている。しかし、我々は独りではない。他者や他の生物と共存している。ある人が死んでも別の人が仕事を継承してくれるし、ある人が苦境に面したら別の人が助けてくれる。もちろん敵対関係もあるが、基本的に人間的生が関係的存在様式をもっていることは銘記すべきである。ニヒリズムの克服のためには、近代的自我のせせこましい主観性はぜひとも乗り越えられなければならない。

五　心の哲学と生命論——「いのち」の本性に向けて

アリストテレスの『心について』でも示唆されているように、心と生命は深く関係している。現代の英米系の心の哲学は、認知主義の洗礼を受けて登場したものなので、生命や身体性の問題にあまり深入りしない。また科学者も巻き込んだ心脳問題の舞台でも生命の問題はほとんど言及されない。今日の心脳問題は、前世紀中盤に分析哲学から派生したばかりの心の哲学が提唱した心脳同一説に議論の端緒がある。つまり、心の座を脳に限定し、心をもつ有機体の環境への関わりとしての「生命」を視野の外に置いてしまったのである。

ただし今日の心の哲学の主導者の中にも生命の問題を取り上げる者はいる。生物学的自然主義を標榜するサールや進化論を題材にするデネットは、その代表者である。しかし彼らの思索は人間的生死の問題を含んだ「いのち」の本性に届いてはいない。心の哲学を真に実り豊かなものにするためには、生物学的生命の概念と人間的生死の問題を包摂する「いのち」の概念を彫琢し、それを思索に取り入れなければならないのである。

今日の心の哲学の関心は「意識」の本性に集中しているが、それを考える際にも生命や「いのち」の問題は避けて通れない。意識を認知主義的に理解すると、コンピュータの情報処理との類比に流れ、有限な生命と生態学的な心性をもった人間存在の生物的機能としての「意識」の本質から逸脱してしまう。人間の心は、系統発生的には生物進化の過程の中で生じたものであり、個体発生的には成長過程で形成されるものである。それに対してコンピュータは、技術革新によってその機能が進歩することはあっても、その進歩は自然的な生物進化とは違って自己組織性、つまり生命性によって裏打ちされていない。また、コンピュータは環境の中で動き回るための身体をもっておらず、同時に人間のように幼児から大人へと成長することがない。人間をはじめとする生物の成長は、言うまでもなく脳の情報処理の機能だけに限られず、心と身体の両面を含んだ「人格」に関わるものである。近年、認知科学はこのことをわきまえて、身体性の問題を重視するようになってきている。そして、この傾向は人工知能研究やロボット工学の分野にも及んでいる。

心とは、身体をもった生命体が、誕生から死へと向かう時間の中で、他者と空間的に交渉しつつ発揮する生活機能である。つまり、それは時空的要素に彩られたダイナミックな生命的認知活動である。生物としての人間は死ぬが、コンピュータは故障することはあっても死なない。もっと厳密に言えば、人間は死に能うがコンピュータにはそれができない。「死に能う」とは「死を自覚的に意識し、その意識を保持しつつ生きてゆける」ということである。その自覚に基づいて、各人は自らの生き方を自由に選択してゆくことができるのである。コンピュータやヒューマノイド・ロボットは不老不死になるようにプログラムすることができるが、自然的生命の本性は死ぬことにある。そして心の働きは、そうした自然の定めに相即している。

人間の意識は、自己のそれであれ他者のそれであれ「死」に面したときに最も鮮烈に浮き立ってくる。なぜなら、そのとき「いのち」の本質が剝き出しになるからである。重病の宣告による死期の自覚や自殺への衝動、恋人や親友の死の知らせ、さらには愛着をもっていたペットの死。こういった契機は、「なぜ私はこの世に生まれたのだろうか」とか「生命の本質って何だろうか」という問いを惹起し、意識を自己の存在に集中させる。そのとき生命界全体の存在へも意識が動かされることがある。ここから哲学をし始める者もいれば、宗教に向かう者もいるし、あくまで生命科学的に事の真相を見破ろうとする者もいる。いずれにしても人間の意識は死の自覚と深く関係しており、その意味で「いのち」の本性を反映したものとなっている。

それゆえ心の哲学は「いのち」の概念をシリアスに受け取り、それを思索に取り入れなくてはならない。ただし従来の文学的ないし宗教的な情感に流されずに、進化論や分子生物学や生理学などの成果を十分吟味しつつ、議論を進めるべきである。現代英米の心の哲学は、心理学や脳科学の知見は既に十分取り入れているが、生命論の観点はあまり顧慮していない。そこで、前述のように、独仏の現象学や前世代のプラグマティズムの視点を取り入れることが要求される。また生命倫理学や環境倫理学などの応用倫理学の議論を参照することも望ましい。

「心」とは、本来、理論的なものというよりは実践的なものである。静態的な記号的情報処理は生命的心のマイナーな領域にすぎず、実践的領野で現れる心の働きこそメジャーな現象である。心と心の触れ合いとしての言語行為が、身体性を伴った生命的で社会的な現象であることは、誰もが認めることであろう。生きて働く人間の心は「いのち」の本性に根差したものなのである。

練習問題

(1) 生命現象に目的性はあるだろうか。あるとすれば、それは心理的現象と生理的現象の関係にどう反映するだろうか。

(2) 「生命なき自然」と「生きた自然」の関係を人間における心と身体の関係に当てはめて論じなさい。

(3) 生物学的生命と人間的生死の接点はどこにあるだろうか。

(4)「食って、生き残って、子孫を残して、一体何になるのだろうか」。この問いに答えるための方法論を提示しなさい。

(5) なぜ従来の心の哲学は「いのち」という契機を思索に取り込めなかったのであろうか。またその契機を取り込んだら、心身問題の様相はどのように変わるだろうか。

第7章　自由意志と身体性

自由意志の問題は心身問題の重要な契機であり、それゆえ心の哲学の中核に位置している。自由意志は行動の決定性と対置される形でこれまで論じられてきたが、本章では従来の「自由と決定論」という問題設定ないし思考枠組みを解体する形で自由意志という現象にアプローチしようと思う。その際、身体性が道標となる

一 決定論という幻想

哲学と科学において古くから提唱されてきた思想に「自由という幻想」というものがある。これは、自然界の現象はすべて物理的因果律に従うという信念に基づいており、自由意志によると思われる人間の行為も、基礎に存する物理的過程の因果性に支配されたものとして結局は仮象である、とみなす考え方である。この傾向は、近代以降の生理学の進歩と一九世紀に誕生した進化論と精神分析学、そして二〇世紀に興隆した分子生物学に基づいた遺伝子決定論などによって論拠が固められ、ますます過激なものになってきている。しかし、一見精緻なものになってきているように思われるこの思想も実は古くからある人間機械論の焼き直しにすぎない。

現実の人間世界と生物の世界を見渡してみよう。どの生命体の行動もリンゴが樹から落ちるような単純な物理的運動の様態を示していない。もちろん、手を挙げたり、走ったり、声を発したり、寝そべっ

たりしている様は、質量をもった物体がエネルギーを使って位置を変え、周囲の物理的環境に影響を及ぼす、という純粋な物理的現象として見ることができる。しかし、それはあくまで「そのように見ることもできる」ということにすぎない。肉食獣が獲物を狙うのも鳥が卵を温めるのも人間がスーパーで買い物をするのも、すべて目的をもった身体的行為であり、物理的因果性のほかに生命的目的性をもっている。特に人間の場合、それは知的自律性という様態を帯びる。我々はここで「物理的因果性」と「生命的目的性」の関係に注意なければならない。

物理的因果性は、観察の対象となっている物を要素の複合体とみなし、その要素間の関係を静観する形で得られた客観的特性である。それゆえ、それは生きて動き回る有機体の行動を現在進行形のアクチュアリティにおいて捉えることができない。つまり、それは常に事後的な完了態において生命体の行動を捉え、生命的目的性をその発現元たる物理的要素に還元してしまう、という思考の罠に引っかかっているのである。もちろん、システムの構成要素という観点は重要である。しかし、それに囚われるとシステムの創発的特性が見失われてしまう。水は確かにH_2Oであるが、それには尽きない豊かな性質ももっている。そしてそれは「他との関係性」から生じたものである。しかるに、この「他との関係性」という観点を欠くと、観察対象の要素的性質としての物理的因果性が他を押しのけて突出してくるのである。

我々人間の行動は物理的であると同時に生命的であり、因果性に服さない目的性をもっている。しかしそれは全面的なものではない。意志の自由を行使できないときもある。たとえば、脳に損傷を被ったときとか薬物を誤用したときとか。ところが、主観的観念論や心身二元論や精神主義の人たちは意志の自由を全面的なものとみなし、自由意志を物理的因果性から徹底して切り離す傾向が強い。つまり、自由と決定論を矛盾対当の関係において、意志の自由という観念にしがみつくのである。それに対して機械的唯物論や還元主義の人たちは物理的因果性を全面的なものとみなし、自由意志を幻想の領域に追いやる。どちらの場合も、物理的活動に基づいた生命の目的性という創発特性に目を開くことができないでいる。人間でも動物でも、生命体は物質システムであると同時に心をもった環境内存在なのである。この環境内存在の有機体は、他の生命体や自然物質との関係性の中で目的性をもった行動をするが、その行動を制御する中枢は、内的モニター機能を最高度に働かせうる情報システムとしての脳である。そして、この脳が生命体を「単に刺激に対して反応するだけの機械」から「受け入れた情報を内的に処理して目的をもった行動へと出力する主体」に変貌せしめるのである。

「自由と決定論」という従来の図式は、現実の複雑性を無視して生じたものであり、論理学で言う「誤った二者択一」を体現している。その意味で、この図式に基づいた思考は、実体二元論から生じる心身問題のアポリアと同様に不毛である。とにかく、自由―決定論や思惟実体―延長実体という対置図式は、複雑な現実をすべて理屈によって捉えようとする姿勢から生じるもので、ゼノンのパラドックスと同様の誤りを犯している。人間の行動や生き様が生理学的システムの物理的因果性や遺伝子の構成によって決定されている、という考え方は、「飛んでいる矢は実は止まっている」とか「俊足のアキレスは亀に決して追いつけない」とするゼノンのパラドックスと同様に、現実の世界を見渡せば、そのナンセンスさは明白である。しかし、巧妙な論理や科学上の画期的な発見によって魅惑された我々の思考が麻痺しやすいだけなのである。

我々は、これまで神秘とされてきたことが一挙に解明されると、その発見にすべてを引きつけて理解しようとする癖がある。つまり還元主義の悪い側面がそそり立ってくるのである。分子生物学が招来した遺伝子決定論や脳科学が煽り立てた唯脳主義は、現代におけるその典型例である。我々は遺伝子神話や脳神話から自らを解放して、生命の働きや心の機能を理解しなければならない。

我々各人の行動は、確かに遺伝子の総体たるゲノムの影響を受けている。しかし、現実の世界での行動は、独りでなされるものではなく、生涯に渡って他者との関係にさらされている。A男がB子を好きで交際を迫ったとしても、第三者のC男がそこに介入してA男の夢を砕くという例は枚挙に暇がないが、遺伝子決定論はこのC男の介入という予期せぬ事態を説明システムに組み込む力が全くない。つまり社会的—環境的変数による非線形効果を全く度外視して考察を「個体の分子生物学的基盤」に限定し、そこから生物の行動を理解しようとする暴挙を犯していたのである。自由意志を否定する機械論的決定論が同じ轍を踏んでいることは言うまでもない。野放図に人間の自由意志を称揚することは確かに間違いだが、自由を幻想とみなす決定論はそれ以上に不合理である。意志の自由が存在しないなら、行為の責任を問う術がなくなり、法と道徳は崩壊してしまう。精神病者の心神喪失状態を斟酌した減刑は、決して人間の自由意志を否定するものではなく、人間の自由意志や行動が社会的脈絡で機能する生物物理的現象であることを示唆している。人間の自由は社会的環境の中で進化する生命的現象であり、誤りから学びながら法と道徳を進化させてゆく力をもっているのである。

このことをさらに深く理解するために、次に意識と行動の関係について考えてみよう。

二 意識と行動

自由ならびに自由意志は行動と密接に関係しており、内的観念に括り込まれるものではない。そして、この事情は意識と行動の関係を反映している。我々は確かに「あの自転車を盗みたいけれど、やはりやめておこう」というふうに、意志に制御をかけて行為を中断することができる。つまり内的観念を行動に出力しないで済ませることができる。ちなみに、この場合、当事者の意識の中では「あの自転車を盗みたい」という欲望と「それはいけない」という良心の声の間での葛藤がある。そして、この葛藤は実際の外的行動（物理的な身体の動き）をめぐって発生するものであり、一つの内的観念と別の内的観念の間で生じる抽象観念ではない。換言すれば、この葛藤は単なる内面的表象ではなく、外的行動の制止が内面化された心的行為なのであり、その意味で外部世界への脱自的関与性を秘めている。

実際、成人が欲望を抑えて悪しき行為を回避できるのは、子供の頃から繰り返された「悪しき行為に対する罰」のおかげである。たとえば、他の家の柿の木から実を盗もうとしてげんこつをもらったり、近所の子をいじめて叱られたりして、行動を制御する習慣が身につき、そのうち内的制御システムができあがるのである。これを精神分析学的に表現すると、超自我の検閲機能が完成するということになり、脳科学的に表現すると、意志発動の中枢たる「前頭前野と大脳辺縁系の連係システム」が運動野に働きかけて行動を制御できるようになる、ということになる。いずれにしても、最初に内的観念としての先験的な良心があるのではなく、行動に対する外的な懲罰の繰り返しから学習されて自由意志というものが身につくのである。

ところが、決定論に対して自由意志を過剰防衛する観念論の人たちは、意志を行動から分離して内的観念ないし心的表象内容に括り込み、いつまで経っても意識と行動の一体二重性に目を開くことができない。他方、心的制御機構を無視して決定論に固執する態度もまた意識と行動の関係を適切に捉えていない。つまり、物理的因果性に幻惑されて、生きた人間の心的行為としての自由という現象に目を開けないのである。

意識と行動は、心身的生命システムとしての人間有機体が呈する二つの様相であり、本来一つのものである。意識は身体運動を介して行動に出力され、行動は活動停止後の反省を介して意識の記憶システムに刻印される（ちなみに、この場合の「反省」は身体運動の一時停止的位相あり、その意味で心身分離以前の認知機能であると言える。つまり、それは次の行動の潜勢態にある生命的認知機能なのである）。行動を介さないと、意識と思考の骨格はできあがらないし、その内容はプロセス的ダイナミズムを欠いて凍結してしまう。また、意識を欠いた行動は乱雑なものになり、秩序を失ってしまう。動物の行動を見れば分かるように、本来認知活動は命がけのものであり、意識はその原初的形態においては個体や集団の生存に奉仕する道具であると言える。高度に組織化された群生システムとしての社会の中で生きる人間の場合、一見意識と行動は心と身体のように分離しているように見えるが、深層において両者はやはり一体となっている。

要するに、心身二元論が成り立たないように、意識と行動の二元論も自由意志と決定論の対置図式も成り立たないのである。そして、このことをより精緻に理解させてくれるのは、前にも触れた「生きられる身体」という現象である。そこで次に、自由意志の問題に対してこの現象がもつ意味について考えてみよう。

三　自由意志と身体性

身体運動に全く関係のない意志というものは存在するだろうか。意志は行為と切り離して考えることができないから、身体運動と無関係の意志というのはありえないはずである。もちろん、意志を行動に出力しないで心のうちにとどめることはできる。たとえば、自分が勤める会社の不正を内部告発するという意志を実行しないでおく、というようなことはよくある。この場合、確かに意志(a)は実際の行動に出力されていないが、この「出力しない」つまり「実行に移さない」というのも一つの行為であり、そこには別の意志(b)が働いている。そして、どちらの意志も行動に連関している。意志(a)は「内部告発する」（p）という正の行動を志向するものであり、意志(b)は「内部告発しない」（～p）という負の行動を志向するものである。内部告発は、告発文書の作成や弁護士への依頼や組合との結託に際しての身体の物理的運動を伴うもので、単なる内的思念ではない。意志(a)の場合にはこれは明白である。それに対して意志(b)の場合は、実際の物理的身体運動を伴わないから、この規定が当てはまらないように思われる。しかし意志(b)は意志(a)を志向する行為を制止しようとする意志だから、やはり身体運動としての行為と密接に関係している。内的な思考や意識は外的身体運動としての行為と切っても切り離せないのである。それゆえ意志(b)は、単なる内的観念ではなく、身体運動の志向的潜勢態だということになる。

　負の行動を志向する意志も身体運動と密着しているとするなら、意志は「我思う（I think）」よりも「我能（あた）う（I can）」と相即していることになる。「私は……できる」という感覚は、思考に先行するもので、生きられる身体の運動感覚と裏表の関係にある。「私は自由である」という意識は、この感覚に根差しているように思われる。それに対して、思考は基本的に身体運動の停止後に生じるものであり、そこでは現在進行形の自由の感覚が薄められてしまっている。それゆえ、純粋の論理的ないし概念的思考によっては自由の生命的感覚を捉えることはできない。しかるに、決定論はこの事態を見誤って、自由を死せる思考内容として客観化し、挙句の果てにそれを却下したのである。

　自由意志と身体性の関係を熟考すると意識の働きに関する理解も同時に深まる。これに関連して次のことに注目しよう。英語には日本語の「意識」に当たる語が二つある。それはconsciousnessとawarenessである。前者は心の深い働きを示唆するもので、「良心（conscience）」という概念と重なる部分がある。それに対して、後者は人間的深みよりも機能的意味合いが強く、平板な印象がある。神経科学や認知科学の学術論文ではほとんど後者が使われている。ちなみにconscienceというのは、「善き行為をする意志」というよりは「善悪を見分ける感覚」を意味する語である。「悪しき良心」という言葉があるのもこのことに淵源している。つまりconscienceは「善悪を見分ける感覚」として、他人を欺くためにも使われるのである。ここから、consciousnessが自由意志と深く関係していることがすぐに分かるであろう。神経科学者や認知科学者は、conscienceの要素を欠いたawarenessに偏向することによって実は自由意志の問題を深い次元で捉えることができずにいるのである。もちろん機能的な意識の概念も重要である。しかし自由意志の問題を考えるためにはやはりそれでは不足である。

ただし神経科学者の中にもconscienceの要素を含んだ意識の概念に深い関心を寄せる者はいる。その代表はアントニオ・ダマシオである。彼は理性や論理的思考よりも情動と感情を重視し、脳の働きを身体というプールに根づかせる。つまり唯脳主義を排して、身体全体の生命的循環システムから脳と意識の働きを理解しようとするのである。それは同時に、社会的環境ないし対人関係における個人の意識の生成を捉える姿勢を示唆する。ダマシオは、単に理論的な神経科学者であるにとどまらず、臨床医として神経病の患者の治療に携わっているので、人間を全体として見る視点に長けているのである。自由意志を身体的なconscienceに関係づけて考察するためには、こうした臨床的で実践的な視点が効を奏することが多い。

前に臨床の知ということに触れたが、自由意志の問題は単に理論的に考察しても駄目で、実践的意味連関を顧慮しなければならない。そしてそこに生きられる身体というものが関わってくる。

身体運動と自由意志の関係は、単純な時間的前後関係から理解することはできない。神経科学的研究において、身体を動かそうとする意志の発動以前（約〇・五秒前）に大脳の補足運動野で既に準備電位が高まっている、というデータが報告されている。このデータは果たして自由意志否定の論拠となるであろうか。

筆者は、そんなことはないと思う。まず、こうしたデータは実験室という理想的状況での刺激—反応図式から得られたものであり、実際の社会的生活場面における身体的な自由意志の発動はもっと複雑な非線形性を有している。実際の活動場面では、「今からデータを取りますから、合図と同時に腕を挙げてください。そしてその後で、いつ腕を挙げようという意志を発動させたかを教えてください」などというやり取りがなされることはない。道端で知人に会って会釈するときに、我々は「今から会釈するための自由意志を発動させるぞ」などと身構えることなどない。ほとんど無意識下に我々はいつの間にか会釈しているのである。ここでは「意志発動と補足運動野の電位発生の時間的ずれ」は実験的状況におけるほど明確ではない。なぜなら、この場合の自由意志発動は、意識と身体運動の分離以前の習慣的身体によってなされているからである。もちろん、日常の活動的場面でも行動を躊躇する場合があり、その際には自由意志は行動に出力されずに内的意識のうちにとどめられる。この場合、意識と身体運動の間に分裂が生じるが、やはり実験的状況のようには自由意志と大脳の活動の間の時間的ずれは明確ではない。

そもそも、意志発動に先立って大脳の活動が始まっているから、それが何だというのだろうか。自由意志の尊厳を守るためには、唯物論を否定しなければならないから、無意識的な大脳の生理活動の因果性に意志が支配されてはならない、とでもいうのだろうか。そのような古臭い二元論的考え方では、問題は全く解決しない。意識と脳の生理的活動の分離に先立つ「生きられる身体性」へと還帰することが要求されるのである。

周知のように生物の脳は、系統発生的には脊髄の末裔に当たり、首から下の身体に対して何ら特権的地位を有しておらず、その意味で身体的生命システムの一部分にすぎない。意識を脳の働きに限局し、身体運動の支配中枢と考える傾向は、唯物論派のみならず唯心論派にも広がっている。どちらも心身分離以前の生きられる身体というものに対して盲目なのである。もし心身二元論を乗り越えているなら、大脳の補足運動野の準備電位発生も生きられる身体の活動の契機として理解されるから、自由意志と生理学的因果性の間の無益な対立は生じることはない。自由とは、非線形的なピュシス（根源的自然）の現象である。ただ、それを実験室的理想状況において一面を切り出すと、決定論的に解釈できるかのような幻想を生み出すだけなのである。

そもそも「自由」という観念は、いつどこからどのようにして生まれてきたのであろうか。緊張や興奮によって自分の心臓の鼓動を抑えられないことはよくあるが、それを抑えることが自由なのであろうか。それとも、それを自分ではどうにもできないこととして素直に受け容れ、自然の流れに身を任すことが自由なのであろうか。心臓の鼓動は自律神経系（植物神経系）の働きに服しており、意識的制御の意のままにならない。自律神経系の働きは生命の活動の現れだから、それに逆らうことは生命の本質から逸脱することにつながる。自由がピュシスの現象だとしたら、それは同時に生命の本質の顕現なのである。それを近代的自我のせせこましい主観性の観点から捉えることなどとうていできない。自由意志が幻想なのではなく、意識と生理的因果性の間にある説明的ギャップが表層的なものとして、蜃気楼の一種なのである。確かに、そのギャップの意味は深く考えなければならないかもしれない。しかし、その熟考の目標は心身分離的な意識的主観性の確保ではなく、生命の本質に根差した身体的意識の把握なのである。

「脳幹と解脱」ということを説く仏教学者がいる。禅の修業が心身の健康に効能があることは心身医学も臨床的に実証している。このような思想やデータは、心身統合的な生命が生理学的因果性と意識的主観性の双方を超越していることを示唆する。死すべき存在としての我々の自由は、こういう視点から捉えられるべきものであろう。そして、それは「自然体で生きる」ということの意味の把握にもつながるのである。そこで、次にそれについて考えてみよう。

四　自然体で生きるということ

人生行路の諸局面において悩みごとは尽きないものである。無理に我を張っても苦しみは深まるのみで、ますます泥沼にはまり込んでゆく。自由意志の野放図な発揮は、自己の存在を逆に矮小化してしまうのである。つまり自由における自己拘束という事態が起こってくる。真の自己を実現するためには、この事態はぜひとも避けなければならない。そして自らの運命を素直に受け容れることが要求される。ただし運命と決定論は違う。運命は、決定論とは違って、自由意志による生の創造と両立可能である。運命を素直に受け容れることが、創造性の発揮と本来的自己の確立を促進するのである。「汝自身を知れ」というソクラテスの格言は、このことに連関している。

それでは、この「汝自身を知れ」という格言をどのように解釈すべきであろうか。「身の程を知れ」という言葉があるが、無理な理想を立てて自己実現に躍起となっても、よい結果が得られないことは誰もが体験している。逆に「自分ではどうにもならない」「頑張ったってしょうがない」という形で運命に甘えている人もいるが、この場合もよい結果は得られない。たいていが落ちこぼれてゆき、成功した人に対して妬み深くなるものである。「汝自身を知れ」とは、自らの運命を素直に受け容れ、その上で本来的自己を実現するよう努力せよ、ということに等しい。そしてそのためには自分の長所を知り、それを可能な限り伸ばしてゆくことである。

しかし、ここでも野放図な自己実現の傾向は大きな足枷となる。自分の長所のみに着目して欠点を無視することは、確かに気持ちのいいことだが、躁うつ病の躁状態のような様相を呈し、いつの間にか取り返しがつかなくなることがある。ハイになって理想めがけて邁進するのはいいが、その姿勢がそのうち自己を蝕み始めるのである。そこで要求されるのが、高揚する気持ちを抑えて自然体で生きる姿勢である。この姿勢は決して消極的な意欲抑制ではなく、沈着冷静な積極的目標実現の態度を意味する。「機が熟す」という言葉があるが、自分自身をわきまえ自然体で生きている者は、自らが生きる時間性を制御することに長けているものである。それに対して、野放図な自己実現に突っ走る者は、常にあせっており、機が熟すのを待てない。現在在る自分は過去の履歴を携えており、それから逃れることはできない。そうした存在として未来に向けて自己を投企するのである。「機が熟すのを待てない」というのは、「過去の履歴を引き受けた上で未来に向けて計画を立て、現在の状況に的確に対処することができない」ということである。自然体で生きる者の時間性がこれと正反対の相をもつことは言うまでもない。つまり、過去の履歴を未来の計画に向けて引き受けつつ現在の状況に参入するのである。そしてこれが、運命を受け容れた本来的実存の姿を表している。

しかし人間存在は時間性によってのみ規定されるものではなく、空間性も重要な契機として携えている。この場合の空間性は、とりあえず他者との交渉における人間的距離の調節を意味するが、同時に自己への再帰的関係における意識的空間許容も含意している。社会的人間関係においては他者と適当な距離を保つことが要求されるが、それを可能にするためには他者の立場に自分を置いてみることが必要である。そしてその際に、普段から自分を客観視する習慣を身につけて対自的距離感覚を磨いているかがポイントとなる。対自的距離感覚は、自分をどう評価するかに関わるものである。自分を過剰に高く評価する場合、その距離感覚は鈍っており、行動も短絡的なものとなり、トラブルを引き起こしやすい（自己愛的行動障害）。他方、自分をあまりに低く見積もる場合、対自的距離が延びすぎて、抑うつ的な行動自制が起こり、消極的な生活態度が現れる。どちらも場合も、対自的空間性が本来の機能を発揮しておらず、それが同時に、自らが生きる時間性の調節にも悪影響を及ぼしている。

生きられる時間性は、行動の投企の基底に存し、それを左右する。行動の投企は、他者との関係なしに起こる内的意識の出来事ではないので、対他的空間性との関係を無視することはできない。要約すると、対自的時間性は対他的空間性によって否定的に媒介されて対自的空間性を適正化する、ということになる。そしてこれが、「自分自身をわきまえて自然体で生きる」ということの根底に存する実存の時空的性質なのである。ちなみに、「自分自身をわきまえる」ということは「汝自身を知れ」という要求と表裏一体の関係にあるが、これが自覚の弁証法、つまり自己意識成立における他者という否定的契機の重要性を示唆することは言うまでもなかろう。

以上のように、自然体で生きるということは人間関係の時間性と空間性に深く関係している。しかし人間は社会的存在であるのみならず自然的存在でもある。自然体で生きるということは、本来この人間存在の自然的側面に関わるものであり、それは社会的側面よりもさらに深い層に属している。

自然の息吹に触れることは意識を拡張し、自我に奥行きを与える。都会の喧騒の中にいると神経がぴりぴりして、何かにつけていらいらしやすくなる。なだれ込んでくる雑多な情報に圧倒されて意識のフレキシビリティが低下し、目先のことに囚われた自我の視野が狭窄するのである。これは、我々の内なる自然が欲求不満になっていることを示している。

自然は、我々を取り巻く外的環境世界にのみあるのではなく、我々の内部にも存在する。そして「自然体で生きる」ということは外的自然と内的自然の共鳴に根差している。内的自然は心理と生理の両義性をもつ「生きられる身体」の働きとして感得されるが、その根底に存するのは生命のリズムである。個体における生命のリズムは睡眠と覚醒のリズムを基調とするが、それは四季の移ろいに代表される外的自然のリズムに呼応したものとなっている。季節現象は、気温や日照時間の変化、あるいは植物の開花や渡り鳥の飛来といった要素によって構成されるが、これらはすべて個体の感覚意識によって受容され、生命感情に影響を及ぼす。その代表が桜の開花や晩秋の紅葉に面しての気分の高揚なのは言うまでもなかろう。

古くからある心身二元論の考え方では、心は自然から切り離された精神的実体として捉えられるが、心身統合的な自然主義の観点からすると、心と自然の関係は相互浸透的な円形パノラマとして理解される。つまり、心には自然の要素があるし、自然には心的性質が備わっているとみなされるのである。そして、こうした理解を基底に据えると、「自然と一体になって生きる」ということがより分かりやすくなる。「自然体で生きる」ということは、この「自然と一体になって生きる」ということと表裏一体である。

ところで自然は決して決定論的ではない。むしろ予測不能な複雑性に満ち溢れている。「事実は小説より奇なり」という言葉があるが、これは自然にも当てはまる。つまり「自然は人間の思考による物理学的想像よりもはるかに奇なり」なのである。「自然（nature）」という語には、「自ら然る」という意味合いがある。これは西洋古代の自然哲学における「ピュシス」や東洋哲学における「自然（じねん）」の概念によく表れている。それに対して物理的因果性から捉えられた機械論的自然の概念は、西洋近代の物心二元論に基づいたもので、自然の本来の意味から逸脱している。自分にとって分かりやすいものだけを複雑な自然から切り出して、それをもって核心を理解したと思い込むことは軽薄である。数学的定式化による自然の物理工学的制御は自然破壊を引き起こし、それが結局は我々の生命の存続を危うくするのである。

西洋には古くからロマン主義的自然観というものがあった。それは自然のうちに生命性や精神性を看取する思想であるが、前世紀の中頃からシステム理論の影響下でより洗練されたものとなってきている。つまり、物理的に複雑なシステムに見られる創発特性がシリアスに受け取られ、物理的因果性の固い輪が解かれ、物理と生命の融合を目指す有機体論的自然観がますます精密度を増してきたのである。

有機体論的自然観が提唱する「生ける自然」の概念は、自然的世界に見られる自己組織性に定位している。それに対して機械論的自然観は、自然を認識論的主観に対置し、主観の先験的制約に基づいて物理的因果性の枠に押し込もうとする。しかし、そうした姿勢は「死せる自然」の観念を膨張させるだけで、認識主観の枠をはみ出す生ける自然の自己組織性には到達しえない。こうして自然は生ける屍と化し、その中に生きる人間の心や生命もせせこましい主観性の観点によって矮小化されてしまう。これでは、ますます「自然と一体になって自然体で生きる」ことから遠ざかるのみである。

「我思う、ゆえに我あり」などという認識は、存在論的に極めてレベルの低いものであり、生ける自己組織的自然からの逸脱の典型である。思考作用は、我々の内なる自然的生命から生まれてくるものであり、自然から切り離された精神的実体の能作などではない。「考える我」の自己中心性を放下し、自然の恩恵に感謝し、生命のリズムを調律したとき、意識は宇宙に向って開かれ、自然体で生きることが完熟するのである。

練習問題

(1) 「自由 vs. 決定論」という図式の根本的誤謬を説明しなさい。

(2) 自由意志の発動を意識と行動の関係を顧慮して説明しなさい。

(3) 次のような考え方はどこが間違っているだろうか。「自由意志が発動する以前に大脳の補足運動野で準備電位が発生している。それゆえ主観的な自由意志の感覚は一種の幻想であり、現実には我々の行動は脳の生理学的因果性によって支配されており、自由意志がその因果性を破ることはできない。つまり、決定論が正しいのは明白である」。

(4) 「自然体で生きる」ことと自然の本質を理解することの関係について述べよ。

(5) 自由意志と生命の関係はいかなるものであろうか。

第8章　脳と心

脳と心の関係を問うことは現代の心の哲学の中心課題である。ちなみに「問う」ということは「解明する」こととは少し違う。脳と心の関係を解明するのは事実科学としての神経科学や認知科学の仕事だが、両者の関係を問うのは科学基礎論としての哲学の仕事である。認識の妥当性の検討と真実在の解明を使命とする哲学は、現代脳科学の成果を心身問題の見地から批判的に吟味しようとするのである。そこには科学研究の倫理的評価と人間の本質への問いが控えている。

一　心身問題から心脳問題へ

第2章で説明したように心身問題は人間における心と身体の関係を問う。ちなみに心の中核的機能は思考と意識であるが、肝臓や腎臓や小腸やリンパ節や骨髄には思考や意識を生み出す因果的力はないので、漠然と「身体」をもち出しても、それと「心」の諸要素との対応関係を厳格に規定する途は開かれない。そこで思考と意識の座とみなされる「脳」が主役に躍り出、それと心の関係が問われることになるのである。これによって心身問題は心脳問題へと刷新される。

思考や意識が脳の働きだということは古代ギリシャにおいて既に提唱されており、近代の心身問題の祖たるデカルトもその見解に一目置いている。つまり、脳と心の対応性は古くから知られており、心身問題に興味をもつ人々はみなその関係性を顧慮して思索を進めていたのである。そして前世紀の後半から急速に進歩した脳科学が、この傾向を最大限に高めることになった。

現代の哲学界において心身問題に最も熱心に取り組んでいるのは英米の心の哲学の専攻者たちであるが、この人たちは脳科学に最も強い興味をもち、それを思索に取り入れている。つまり、彼らこそ現代心脳問題の立役者なのである。今日の英米の心の哲学は、前世代の分析哲学から派生したものであり、基本的にその思考態度を継承している。しかし両者の間には方法論の変異がある。分析哲学が言語と概念の分析を主道具とするのに対して、心の哲学はそれにとどまることなく脳科学の実証データを積極的に参照して、心と脳の関係についての哲学的考察を事実問題の土俵に引き入れ、科学者と対等の議論を繰り広げようとする。これは既に分析哲学から心の哲学に移る過渡期に現れていた傾向であるが、最近のアメリカの認知神経哲学において最も顕著なものとなっている。ちなみに「認知神経哲学」とは筆者が現代アメリカの心の哲学につけた別名である。

脳科学は神経科学と認知科学の両分野を包括する学問だが、このうち神経科学ないし神経生物学に強く関与するものを神経哲学（neurophilosophy）、認知科学に深く関与するものを認知哲学（cognitive philosophy）と呼ぶ。神経哲学の代表者はパトリシア・チャーチランドであり、認知哲学の看板はダニエル・デネットである。チャーチランドはカルフォルニア大学の哲学教授であるとともにソーク生物学研究所の客員教授も務めている。つまり彼女は哲学者兼神経生物学者である。またデネットは、タフツ大学の哲学教授と同大学の認知研究センターの所長を兼務しているが、特記されるべきなのはＭＩＴ（マサチューセッツ工科大学）の人工知能研究所におけるヒューマノイド・ロボット開発への強い影響力である。その試作品Cogは彼の主著『解明される意識』に展開された機能主義的意識理論に基づいて作られたものである。

神経哲学は、神経科学的哲学とも呼べるもので、神経科学の最先端の知見を心脳問題の議論に取り入れ、従来の認識論を刷新しようとする。この傾向は、少し前の世代の心の哲学における心脳同一説に由来するが、脳の構造と機能に関する理解がより精緻なものとなっており、かつ理論的還元の手法も厳密になっている。

理論的還元とは、対立する諸理論の間でなされるもので、正当性の低い理論を正当性の高い理論へと還元する作業を意味する。心と脳の関係の理論について言うと、二元論や創発主義や機能主義はその正当性が否定され、その内容が顧慮に価しないものとみなされる。そして還元的唯物論が唯一の正当な理論として承認されるのである。この還元的唯物論は消去的唯物論とも呼ばれる。つまり、それは心—脳関係についての正当性の低いすべての理論を「消去」する唯物論だからである。ちなみにこの際、還元は理論の間でなされたもので、脳と心の事実的関係においてなされたものとは必ずしも言えない、ということに留意する必要がある。「どの理論が妥当か」ということと「事態が実際にどうなっているか」ということとは別だからである。

脳と心の関係について「事態が実際にどうなっているか」を理解し説明することは、思いのほか難しい。なぜなら「心」はその所有者たる各人のものであり、主観性を中核とし、客観的な科学による研究がスムーズに進まないからである。もちろん「心」は各自性や主観性によってのみ規定されるものではなく、客観化し法則化されうる認知の普遍的構造ももっている。そして、その基盤にあるのは脳の神経システムの生理学的構造であり、これは全人類に共通のものである。また人類に近縁の生物（哺乳類）も類似の脳神経システムをもっており、その機能の解明は人間における心─脳関係の理解を大いに助けてくれる。倫理的な障壁のために人間の脳を実験の対象にすることができないので、サルやラットの脳がその代わりを果たすのである。「神経生物学」とは、このような脳神経機能の比較生物学的研究を指す。チャーチランドの消去的唯物論は、この神経生物学に偏向しており、人間の心における個性をあまり重視していない。というより、ほとんど無視している。彼女は、主観性を脳神経システムの普遍的構造と機能へと還元しようとするのである。これでは心の主観性の信者の猛反対を食らうのみである。そこで、彼らをも説得できるような唯物論の理論が要求されることになる。

デネットの機能主義的意識理論は、神経生物学よりも認知科学とコンピュータ科学を重視し、生物学的分野では進化論に強い関心をもっている。機能主義の考え方では脳の物質的組成や生理学的過程よりも情報処理の機能的因果連関が重視されるので、認知や意識の働きそのものの扱いが神経哲学よりも現象論的となる。ただし、論理的行動主義を経由したものなので、主観性よりも行動に連関した認知の客観的特性が重視される。そして、挙句の果てには主観性は消去されるのである。つまり、我々は生けるコンピュータであるというわけだ。

科学哲学的心脳問題の領域においても、このように脳と心の理解に分裂がある。また脳科学者の中にも心脳問題に興味をもち、自らの研究成果から哲学的理論を熟成させようとする者がいる。しかし彼らの議論は、哲学的心身問題の精密な概念使用や論理の構築を十分習得した上でなされていない場合が多く、結局は素朴な還元主義になりやすい。あるいは逆に時代遅れの実体二元論を信奉したりする。いずれにしても哲学的理論としては粗雑である。もちろん、哲学者と対話しつつ、かなり厳密で深みのある心―脳理論に到達する者もいるが。

脳と心の関係を解明する場合、確かに脳の働きに関する実質的な理解が必要である。その点では脳科学者に軍配が上がる。しかし心脳問題の関心はそれには尽きない。つまり、脳と心の因果論的に精密な理解のみならず、我々の自己の在り方や人生の問題や社会とか自然といった環境との関わりまでそれは視野に入れているのである。心脳問題は、肺―呼吸問題や胃―消化問題と同列に並ぶものではない。

第一次視覚野には視覚的質感の処理能力はないだとか、ブローカ野とウェルニッケ野の言語機能の分担だとか、前頭連合野の意志発動機構だとか、海馬の記憶機能だとか、価値評価を担う扁桃核の報酬行動への関与だとかいう、脳の機能局在的理解とそれらを統合するシステム論的理解は、結局は脳の働きと認知の機能の対応を確認するためにあるもので、肺―呼吸問題や胃―消化問題を複雑にしたものにすぎない。「心」の問題は、そのような機能の対応関係からのみ解決されうるものではなく、身体全体性と生命、ならびに環境世界へと関わる生命体の存在を顧慮しなければならない。これには「心」という概念の奥深さのみならず「脳」という器官の特殊性が関与している。

脳死と臓器移植の問題からも周知のように、脳は心臓とともに生命維持の中枢である。また心身問題における身体全体性という契機を顧慮しても、やはり心と最も密接な関係をもつ器官であることは否定できない。そこで肝要なのは「身体に有機統合された脳」という視点をもつこととなる。また意識や主観性を内面的観念界に括り込まず、環境世界との生ける関係（つまり世界内存在）を通してその本質を理解する姿勢も重要である。なぜなら脳は単独では機能しえず、他の脳との相互作用を通して初めて心的特質、つまり意識の主観的特質を創発せしめるからである。脳は社会文化的環境の中で自己組織化する生命的情報システムなのである。

普通、主観性に彩られた各人の心は、内面の奥底から生じてくるように思い込まれているが、それは仮象である。他の脳とのコミュニケーションを欠いた脳は、ソフトウェアを欠いたコンピュータに近いものとなり、遺伝子に先天的に刻印された動物的機能しか発揮できない。アヴェロンの野生児の症例は、このことを如実に示している。言語的表象を伴った主観的心性は、内面の奥底からではなく、社会的コミュニケーション環境から生まれるのである。そして、そこには生きられる身体性（ジェスチャー会話を含む）というものが関与している。

心脳問題に専心するのもいいが、社会的環境や身体性も顧慮しないと考察が機械論的になり、だんだん心の本性から逸脱していくことになる。心脳問題はやはり伝統的な心身問題の嫡子なのであり、その教訓に聴き入るべきである。つまり、実際の社会的行動や人間的生き方や道徳や法といった要素を顧慮して脳と心の関係を考えなければならない。そして、これは二六〇〇年前にソクラテスが既に提起していた問題なのである。

二　ソクラテスの脳を調べても……

第2章で述べたように、ソクラテスは生理的因果性に精神の理性的自律性を対置する形で心身問題を提起した。つまり、死刑の執行を待って牢獄の中に座っていることの原因に関する生理学的説明を退け、善なる行為への精神の理性的自由意志を称揚しているのである。詳しく言うと、生理学的因果性に則った説明では、ソクラテスの「牢獄の中に座っている」という行為は、「彼の肉体が骨と腱からできていて、骨は硬くて関節によって互いに分かれ、腱は伸び縮みして肉や皮膚と一緒に骨を包み、この皮膚がこれら全部をばらばらにならないようにまとめている。そこで骨はそのつなぎ目で揺れ動くから、腱を弛めたり縮めたりして、彼は肢を曲げることができ、今ここにこうして膝を曲げて座っている」からだ、ということになる。

これでは「本当に死刑を待って、悪法を甘受する姿勢で座っている」のか「そのようなドラマの役を演じている」のか「ただ居間に座ってくつろいでいる」のかの区別は全く問題にならない。つまり、行為の意図を心身関係の説明に組み込めないままになっているのである。あるいは、行為の意図と行為の状態の区別が顧慮されていない。すなわち、「君はどうして（なぜの意）ここに来たのですか」という問いに対して「バスで来ました」と答えるようなものであり、カテゴリー・ミステイクを犯している。

しかし、ここで注意しなければならないことがある。それは、右に挙げた生理学的説明では「脳」の働きが言及されていない、ということである。脳は確かに骨や肉と同じように生理学的性質を帯びた物質であるが、それには尽きない。脳はニューロンのネットワークに基づいた情報処理システムとして、心的機能を創発せしめる器官なのである。それはまた全身の運動を制御し、行動を統制する力をもっている。そこで、精神主義ないし二元論の反論に対して次のような返り討ちは確かに可能である。つまり「ソクラテスの脳を調べれば、彼の行為の原因を理解できる」と。具体的に言うと、前頭連合野の意志発動機構が、運動野にインパルスを送って、運動野が末梢神経系に出力する、という説明になるが、それにはとどまらない。行為の社会的意味連関すら、前頭連合野と記憶システムと報酬システムなどの間でなされる情報統合として、あくまで脳内の神経システムに組み込まれるのである。確かに脳は、善悪の観念、法律、政治といったものに関する情報をコード化し圧縮して神経システムの中に保存しており、それを物事の判断や行動の発動の際に参照している。したがって「ソクラテスの脳を調べれば、彼の行為の意味は説明できる」という意見は、決して蔑ろにできない正当性をもっている。しかし、やはりそれは一面の真理にすぎない。それについて説明しよう。

ソクラテスの脳の情報処理の内容を調べて分かることは、実は彼の脳を調べなくても分かることなのである。脳の解剖学的構造や生理学的組成や情報処理機構を調べることは、コンピュータのハードウェアの仕組みを調べることに似ている。確かに脳はコンピュータと違い、先天的プログラムを備えているが、そのプログラムも社会文化的環境にさらされて初めて機能するものなので、脳の生理的システムをコンピュータのハードウェアに喩えることは、やはり妥当性をもつ。

ソクラテスの脳が、アテネの政治や法律に関する情報を保存し、それを善悪の判断に基づいた行動に出力する際には、神経モジュール間で情報統合が起こる。それに関する精緻な情報神経科学的データは、ソクラテスの脳の外部に存在する社会文化的環境にもともとあった客観的情報の圧縮版である。ソクラテスの脳は、それを外部から受容しているだけなのである。そして善悪の観念とか自由意志といったものも社会生活から習慣として身についたものである。つまり、その起源もやはり脳の外部にある。

脳（特に人間の脳）は、ただその情報処理機能が桁外れに精密なだけなのである。それゆえソクラテスの脳を調べて分かることは、外部から受容した情報をいかに処理し統合し行為へと出力するかに関するコード化の精緻さだけであり、心的内容そのものは、そのようなことをしなくても誰にでも理解できる。つまり、ソクラテスの脳の神経的情報システムを調べることは、心的内容の「受け皿」を調べることであって、心的内容そのものを調べることではないのである。心的内容に関する理解は、生理学や神経科学の知見を前提しない。それは世界の情報構造と生命の本質に由来するものである。

しかし、ここから二元論に逃げ込んではならない。脳が宇宙の情報構造の結晶体であり、心的内容を世界から受容してまた世界へと送り返す生命的器官であることに目を開かなければならない。脳の神経的情報システムと心的内容の相即関係は、物質と精神の区別を超える創発主義の立場から理解されるべきなのである。

とにかく二元論的考え方は、いろいろな弊害をもたらす。それゆえ、心と脳の関係を正確に理解するためには、二元論的考え方をぜひ回避しなければならない。とはいえ、ただ二元論を闇雲に批判しているだけでは心の本質には到達しない。心が「分かる」とはどういうことなのかの積極的説明が必要なのである。そこで次にそれについて考えてみよう。

三　心が「分かる」とはどういうことか

我々はよく「俺の心はお前には分からない」とか「その人の気持ちはその人本人にしか分からない」という感慨をもつ。これは「心」の主観的パースペクティヴに定位した感慨であり、外部から直接アクセスできない内面的私秘性を示唆している。それは確かに「心」の重要な一側面である。そして「心が〈分かる〉」ということは、この関門を通過することとして受け取られやすいので、必要以上に難しいこととみなされる。

しかし、この関門にこだわってばかりいては子育ても人付き合いも教育も商売もできない。そして精神科医や臨床心理士のやっていることはインチキだと思われかねない。『心の専門家はいらない』というタイトルの本がよく売れるのもこうした事情を背景としている。なぜなら「心の専門家」は学者や医者ではなく、個別的な心（つまり主観性）の所有者本人だからである。つまり、そこには普遍的法則性や客観化されうる本質といったものはなく、ただ「生きられた体験内容」によって彩られた主観的心性があるのみだ、というふうに思い込まれやすい。

主観的心性への偏向は物理的自然からの離反を引き起こし、いかがわしい超自然的精神主義への逸脱につながる。そこまでゆかなくても、心を身体と脳から必要以上に切り離して理解する二元論的態度を誘発しやすい。前節で述べたように、脳には確かに心的内容の「受け皿」にすぎないと言われても仕方がない側面があるが、同時にそれは心のもつ生命的情報処理を実現せしめるハードウェアとして注目されるべきものでもある。つまり、脳の神経回路網の生命的組成とシステムは、心の普遍的性質を形成する基盤なのである。そして、それは各人の人生行路に沿って履歴を自らのシステムに刻印し、個別的心の主観的パースペクティヴを創発せしめる。つまり脳の神経システムは、無意識的生命の心性から主観的意識の私秘性までカバーする「心の創発基盤」である。換言すると、脳は生理的過程を心的特質へと変換する中継点なのである。

しかし生理と心理の間の創発関係をもち出しただけでは心を理解することはできない。生理と心理を両極として包摂する身体的自然の生命性を視座に据え、心的体験内容をその個別相に照らして理解する姿勢が要求される。これは、本節の冒頭に挙げた主観的心性に関するナイーヴな感慨とは違って、自然と生命のもつ普遍的情報構造に目を開いた立場である。

心的体験内容の個別相といっても、それは全く他から隔絶した独我論的なものではなく、社会的公共性ももっている。たとえば、転校して新しい学校環境になじむまで時間がかかったという体験は一部の人がするものだが、その人たちの体験内容は個別的であると同時に共通性をもっている。転校であれ、転勤であれ、新しい環境に参入する際には、心と心のぶつかり合いが生じる。つまり、一つの心が別の心のグループに溶け込む際に、意識の変容が起こるのである。そして、この意識の変容は、独我論的なものではなく相互主観的なものである。うまく溶け込めるか、なじめないで殻にこもるかは関係ない。個人の心的体験内容と主観的意識は、内面の奥底から生じるのではなく、他人との出会いから創発する生活機能なのである。つまり、それらは生存のための道具として、生物進化の過程で人類に備わったものである。それゆえ、「心が分かる」ということは、相互主観的な生活世界の中で他人の心を斟酌するという心的態度を基盤として理解されるべき倫理的で実践的な事柄である。そして実践は単なる理論と違って生命性に満ちている。

「ソクラテスの心を理解する」ということは、彼の私秘的内面性を理論的に詮索することではなく、彼の行為を社会的意味連関に照らして、相互主観性の観点から倫理的―実践的に理解することである。そしてその理解は公共の言語を介してなされ、他者との関係を離れてはありえないものである。それゆえ、それは単に主観的な精神現象ではなく、実践的質料性を帯びている。

法と政治と道徳は、個人の主観性にではなく、共同体の間主観性に基づいた公共性をもっている。個人の思い込みをそのまま通してはならないのである。それゆえ、それらは科学的客観性とは別の意味での「客観性」をもっている。そもそも客観性を心の敵とみなすことにどれだけの意味があるだろうか。心のもつ個別相や主観性や私秘性に囚われるあまり、公共性や客観性をその本質から除外することは、多くの弊害をもたらす。そしてこの姿勢が心身二元論と結びついて、脳の機能を心の働きから分離する態度を誘発する。脳の機能と心の働きは確かに違う文脈に属す。しかし、この二つはもともと生命の働きに根差したもので完全に分離して理解することはできない。人間は一つの心身統合的な生命体として、心理と生理の両義性をもつ世界内存在ないし環境内存在なのである。

そこで、もし心と脳を統合的に理解する視点を求めるなら、「脳の社会的相互作用」ということに着目しなければならない。これはドイツの脳科学者ヴォルフ・ジンガーが主張したもので、意識の主観的特質を複数の脳と脳の間でなされる社会的相互作用（コミュニケーションないし情報交換）に基づいて理解しようとする理論である。単独の脳の神経生理学的プロセスをいくら調べても理解不能な主観的心性も、複数の脳と脳の間の相互作用を顧慮すれば、それはあくまで「脳」に基づいた創発特性として理解できる、というのがその骨子である。この考えを敷衍してゆくと、脳と脳の「間」に心の真の創発基盤があり、それは世界の情報構造を示唆する、ということが分かる。そもそも単独のヒトの「脳」は、社会的コミュニケーション環境に置かれないと、ガラクタに等しいものとなる。ところが社会的環境の恩恵で心的機能（意識の主観的特質）を獲得した個人は、主観性の権能に圧倒されてその恩恵を忘れ去ってしまう。その際、同時に脳と脳の「間」のもつ存在論的で認識論的な意味が見失われる。

心は優れて「間」的現象である。「間」は直接目に見えないが、関係的世界の蝶番の役を果たす重要な契機である。つまり、それは世界の情報構造の関節なのである。脳と心の関係を考える場合、ぜひこの「間」の次元を顧慮しなければならない。そして、これに関連するのが脳研究の倫理ということになる。そこで次にそれについて論じることにしよう。

四　脳研究の倫理――人の脳を勝手にいじるな

前述のように、倫理的規制によって人間の脳を実験の対象にすることはできない。そこで動物に身代わりを頼むことになるわけだが、人間の場合でも人間性を失っているように見える場合には実験台に送られる破目になることがかつてあった。その代表例が、前世紀の半ばに統合失調症（かつて精神分裂病と呼ばれていた）の患者に対してなされたロボトミー（前頭葉白質切断術）という外科手術である。

ロボトミーを創始したのはポルトガルの神経科医（精神科医ではない）エガス・モニスである。彼は、精神病の病的思考は前頭葉と脳深部や他の皮質との間の結合線維を切除することで変化しうると信じ、主に激越型うつ病や重症の神経症を対象としてロボトミーを施した。ちなみに、彼はこの精神外科手術の着想を、サルの前頭葉切除による実験的神経症の発生に関する学会報告から得ている。その報告によるとサルは、一側の前頭葉の切除では激しい興奮状態を引き起こしたが、両側前頭葉の切除では鈍感にはなっても興奮しなくなり、かつ忍耐強くなった。彼は、この前頭葉切除術を前述の結合線維切除術へと改変して、人間の精神病患者に適用したのである。

モニスが開発したロボトミーは、その後アメリカのジョージ・フリーマンとジェームズ・ワッツという神経科医によって改良され、引き継がれた。彼らの術式はフリーマン・ワッツ標準式ロボトミーと呼ばれ、ロイコトームという特殊なメスを前頭部冠状縫合上に穿孔した小骨孔から、手探りで前頭部皮質

図8－1　フリーマン・ワッツ標準式ロボトミー（岡田文彦『精神分裂病の謎――精神外科の栄光と悲惨』より）

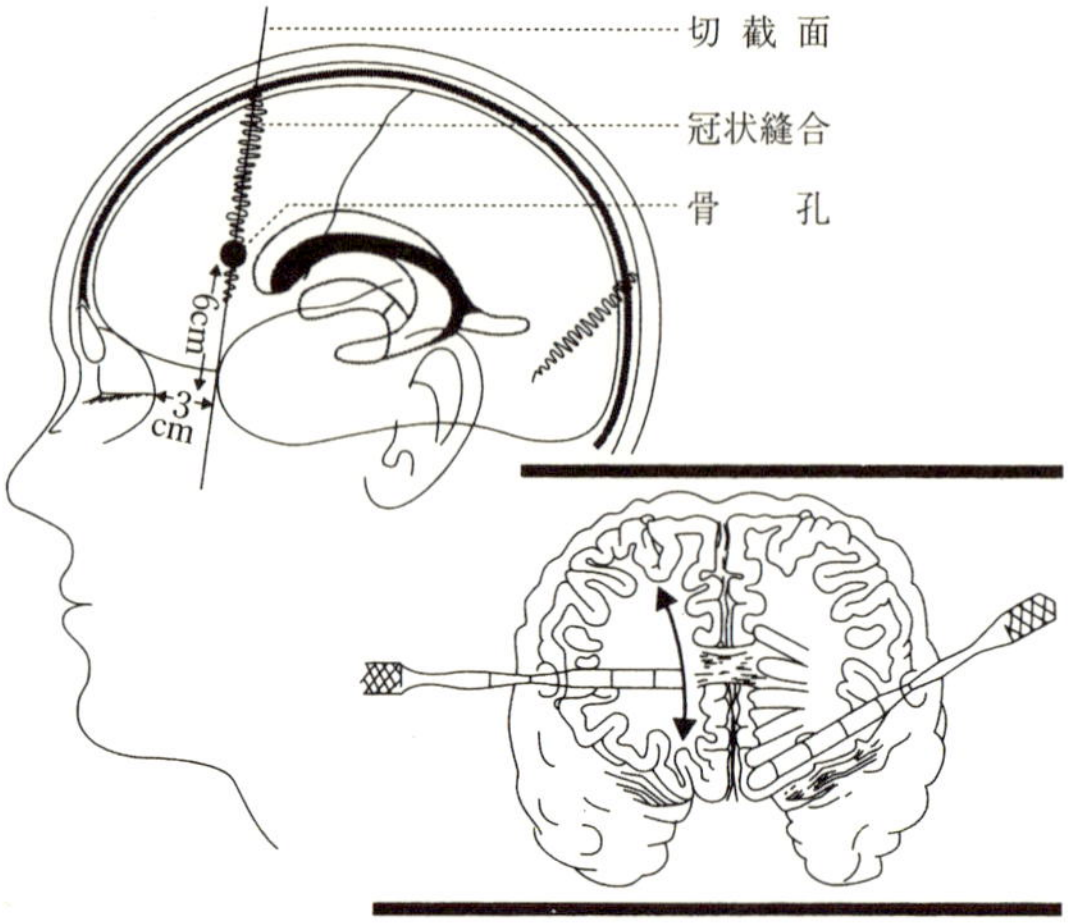

と視床や他の大脳皮質を結ぶ神経線維を切断するものであった（図8－1）。

ロボトミーはその後、世界各国に広まり日本にも輸入された。日本では特に統合失調症（精神分裂病）の患者に対してこの手術が施されたが、その中には泣き叫ぶ少女や身体の弱った老人も含まれていた。また、医学的疾患とは言いがたい反社会的精神病質者（人格障害者）や単に乱暴なだけの若者や反体制運動家なども、行動制御の目的でこの手術を強制的に受けさせられた。

ロボトミーは確かに患者の興奮と混乱を抑え込むことには成功したが、その後重篤な後遺症を引き起こす破目になった。この手術を受けた患者のほとんどが数年以内に廃人のようになってしまったのである。これは意欲の喪失と周囲世界への無関心、ならびに感情の鈍磨という統合失調症の陰性症状と類似のもので、精神機能の脱落としての欠陥状態を意味する。その他、尿失禁や退行現象も頻繁に見られた。そこで、当然の成り行きとして、一時ブームを巻き起こした時代の寵児としてのロボトミーは、医学的正当性が疑われ始め、多くの批判にさらされながら自然と消滅していった。現在では精神病者に対してロボトミーを施すことは禁じられている。

ロボトミーの問題点は、精神機能と脳機能の対応把握（神経心理学）の未熟さや臨床精神医学自体の方法論的立ち遅れとともに、患者の立場を無視して周りの都合から強引に手術を推進したことにある。つまり、精神病者を「いたわられるべき病人」としてではなく「迷惑な乱暴者」ないし「不気味な異常者」として見る周囲の人々の視点を強引に押し通してしまったのである。これは「精神病者の立場に立って自己と世界を見たらどのような感じだろうか」という観点の欠如を表している。ちなみに、この観点は精神病理学のみならず生物学的精神医学や神経心理学でも重視しなければならない臨床の知に属している。

ロボトミーはその後、非侵襲的な薬物療法にバトンタッチされた。精神病の薬物療法はメジャー・トランキライザーなどで若干強い副作用が見られたものの、ロボトミーに比べるとはるかに危険性が低く、閉鎖病棟から多くの患者を解放することになった。ドーパミン拮抗薬による治療を新たな薬理学的ロボトミーとみなす人もいるが、それは精神外科のように患者の意志を無視したものではなかった。

いずれにしても問題があるとすれば、それは、精神病の患者であれ健常者であれ、人間を医者や科学者や政治家の意のままなるように人格操作することであろう。また外見上人間性が失われているように見える病者を、その現象的相貌にのみ着目して、基礎的な神経精神的病理を度外視したことも断罪されなければならない。精神病の患者は人間性が失われているのではなく、精神機能の「受け皿」たる脳の神経回路網における情報処理機能がアンバランスになっているだけなのである。その責任は本人にではなく、他の身体疾患と同じように、遺伝子と環境の相互作用にある。この考え方に沿って、今日では精神病の症状と患者の人格を別のものとみなすようになってきている。それに対して、「精神病者は人間性を失っている」という考え方（というより主観的印象）は、症状と人格を同一線上に置くもので、「精神病の患者においては人格の核心が冒される」とする見解につながりやすい。特に統合失調症の患者に対しては、そうである。

以上に述べた精神病をめぐる問題は、人間の尊厳にのみ関わるものであろうか。そうではなかろう。それは、人間の尊厳だけではなく生命あるものすべて、つまり動物や植物の尊厳にも関わるものなのである。このことは、精神病者においては「人間性が失われているように見える」ということを顧慮すると、より明瞭となる。つまり、精神病者はかつて「人間の尊厳」の名目の下に偏見の対象となり、疎外されていたのである。その傾向は今も残存している。それゆえ、精神医療をめぐる倫理的問題は、生命倫理学だけでは解決不能であり、心脳問題に関する熟考、つまり心の哲学の助けを必要とする。その際、臨床の知を認知神経哲学の理論を介して精神病問題に応用できるようにすることが要求される。

ロボトミーは、「人の脳を勝手にいじるな」という脳研究倫理の問題意識に目覚めさせるための格好の例である。脳の研究を推進することは人類の知の進歩にとって極めて貢献度が高い。それは生物の心の本性の解明や脳や精神の病気の治療に大いに寄与するであろう。しかし、その目的のために手段を選ばないことは大きな弊害をもたらさずにはいない。また脳研究の際にその科学基礎論たる心脳問題を顧慮しない姿勢は、道徳的害悪のみならず、科学的研究の低俗化をも引き起こす。今日流行している前頭葉産業に代表されるジャーナリスティックな脳科学は、身体全体性や生命の本質を深く考えていないものがほとんどで、人間の心の本性から遠く隔たっている。

とはいえ、ここで古い心身二元論の伝統に回帰しても何も得られない。「精神は単なる物質である脳からは独立自存している」などと嘯いても、問題は全く解決しない。むしろ、そうした二元論的観念の裏返しとして脳還元主義というものがある、ということに目覚めるべきである。心や精神は脳の外のいかがわしい超自然的世界にある「非物質的実体」ではなく、脳と脳の「間」たる「社会」の中で生成する「アクチュアル・エンティティー（関係の網の目の中に在る現勢的活動体）」なのである。脳の機能も精神の病理も、このことを顧慮しなければその解明は決して深みには達しないであろう。

五　脳・心・社会

心の座である脳は社会の中で機能する生命的情報システムである。ただし、ここで脳が「心の座である」という点に関しては少し熟考が必要である。脳は、首から下の身体と切り離して理解することができないし、身体は自然的存在として皮膚の外周を超えた自然界と連続しているからである。「中枢神経系」という言い方は、神経系が全身に張りめぐらされていることを示唆するものなので、脳の身体統合を理解する際に重要な視点を提供してくれる。また有機体は、感覚器官を介して外界と情報交換している。これを裏返せば、有機体の一器官としての脳は、感覚器官を介して外界に見えない神経線維を張り渡している、ということになる。これは一つの比喩的表現であるが、決して荒唐無稽なものではない。

第5章でも述べたように、人間の脳は手や発声器官という効果器を介して環境世界と相互作用している。しかも、そこには身体運動というものが関わってくる。個体の内部から効果器を介して発出された情報は、環境世界を変革し、その変化は自分にはね返ってくる。また言葉として口から発した情報は、他者の反応を喚起し、それもまた自分にはね返ってくる。こうして人間個体は、他者と環境から切り離しえない生活体として、情報のループを自分の周りに張り渡しているのである。

我々は、様々な媒体を介して情報を世界に向けて発出する。手紙、電話、電子メール、レポート、論文、会話、演説といった個人における情報発出は、それをサポートする情報環境と情報システムと情報媒体によって可能となっている。これが集団レベルになると、情報の発出と受容のシステムはより複雑なものとなり、情報の保存の必要性が生まれてくる。インターネットのプロバイダや図書館はそれを担うものの代表である。脳は、こうした情報環境の中で機能する「環境内存在としての有機体の情報中枢」として理解されなければならない。

それでは、こうした脳の存在様式と心の本質の関係はどのように理解されるべきであろうか。まず従来の心脳同一説と脳還元主義は排除されなければならない。なぜなら、どちらも有機体と環境の一体性、ならびに脳の身体への有機統合を無視しているからである。脳と心の関係を考える際には、生命体の「身体の運動を介した世界との一体性」というものをぜひ顧慮しなければならない。そしてその際に介入してくるのが「社会」という現象なのである。

心は社会という現象から切り離して考えることができない。もちろん神秘主義的に内面に沈潜する方向もあるが、その思考もまた社会の恩恵によって生まれたものなので、環境から隔絶した超越的世界と思われた内面の奥底も、実は社会によって取り囲まれているのである。このことが分からないと、駄々っ子の論理を振りかざすだけに終わってしまう。神秘主義者でも社会性をもっていると、その思想は実り豊かなものとなる。その代表が医者であったシュバイツァーの博愛主義（倫理的神秘主義）であることは言うまでもなかろう。

心が内面圏を抜け出した社会的現象であることは、脳の機能把握の際にも顧慮されなければならない。つまり、頭蓋骨の外にある社会的情報のネットワークが頭蓋骨の内部の脳の神経ネットワークの構成に影響を及ぼすことを考慮しなければならないのである。実際、脳の神経ネットワークの構築が環境からの情報入力に左右されることは、神経生物学が証明済みである。つまり、脳は可塑性をもった神経システムとして、環境世界と情報のシステムを共有しているのである。また、脳の進化が環境との相互作用の上になされたのは周知のことであろう。

人間は世界内存在として、内面的意識を常に環境と他者に浸透させつつ生きている。ところが従来の心脳同一説や脳還元主義は、これを無視して、あるいは十分捉えることができずに、心を頭蓋骨の内部に封じ込めてしまったのである。そうした観点は、唯物論だから間違いだというよりは、心の生態学的次元を思考に取り入れていないがゆえに低級なのだと言うべきである。そして、心の生態学的次元は、有機体の世界内存在と深く関係している。さらに、そこには生きられる身体の働きが重要な契機として介入する。つまり心と世界と身体は三位一体の構造をなしているのである。そして、それは脳と心と社会の関係にそのまま反映する。

内面性は非物質性という観念と結びつきやすく、二元論を生み出す元凶となるが、その思考法は実は還元主義と表裏一体の関係にある。どちらも「社会」という思考の母体を取り入れることができずにいるのである。そして、それは心の本体たる「生命」からの逸脱を示している。

六　主観性よりも生命を

心の中核に位置する意識という現象は主観性を本質とするから、心の本質は主観性だと思われがちである。そして人格の核心を占める自我にもその理解が適用されてしまう。「かけがえのない自己」とか「唯一無比の私」という観念は、こうした理解から発出してくる。しかし、他者との共存という契機を無視して考えることができない「自我」をそのような狭い視野から捉えようとする姿勢は、結局は心の本性から逸脱してしまうであろう。前にも述べたように心の本性は生命という現象に深く根差しているのである。

心の本質は通俗的理解によって容易に主観性とみなされてしまうが、生命はそのようなことがない。生命は確かに各生命個体によって生きられているがゆえに、個ないし私のものとして理解されることはある。これは、意識をもった有機体である人間において特に顕著な傾向である。その際、生命は主体的な現象として把握される。そして、この理解は自己の死の可能性に直面したとき際立ってくる。「私の生涯は一体何なんだったんだろうか」「まだ死にたくない」といった感慨がそのとき心の底から湧き上がってくるが、同時に「私の死後妻と子供の生活は大丈夫だろうか」「死ぬ前に部下に仕事の引継ぎをしておこう」という責任感に裏打ちされた気丈な思念も生まれる。前の方の感慨は主観性によって規定されており、後の方の思念は主観性の殻を破り出た「脱自的主体性」を示唆している。死に面してもなお「自らの責任を回避しない」という姿勢は、他者との共存としての生命の本質を体得した「主体性」を意味するのである。その主体性は、近代的自我のせせこましい主観性（デカルト的コギト）とは違って、自らの意識を他者と環境世界に向けて放散する力を秘めている。

生命は、その担い手たる個々の生命体を超えて大いなる生命の連鎖を形成する。つまり、それは伝達によって更新されるのである。これは遺伝子の働きによると同時に、生命体の意識と行動に依存している。逆に言うと、意識と行動は生命の本質を反映したものなのである。そして生命の本質は「個を脱しようとする衝動」にある。

こうしてみると、単なる主観性を超えた「脱自的主体性」が、生命の本質を示唆する意識の中核現象であることがよく分かると思う。換言すれば、意識や自我という心の中核現象を理解するためには、生命のもつ脱自性が意識や自我に反映する過程を捉えればよい、ということになる。これによって心の本質を主観性に見る通俗的立場は立つ瀬がなくなり、自らの無思慮を深く反省せざるをえなくなるのである。

「自分の心を大切にする」「自己を配慮する」「自我を育む」ということは、主観性の感覚を研ぎ澄ましたり自己の内面に深く沈潜したりすることなどではなく、他者との共存から反照する「自己の在り方」に全身全霊で配慮する、ということである。それが脳と脳の「間」での社会的相互作用を身体性の次元で理解することと表裏一体の関係にあることは、言うまでもなかろう。ところが通常の脳科学は、個人の頭蓋骨の内部の脳の機能を、この「間」を無視して研究するから、「人間」の生命的心とかけ離れた冷たい機械論のように感じられるのである。他方、主観性に定位した独我論的な心の理解は、冷たい機械論的脳科学とは別の仕方で生命の本質から逸脱している。それゆえ、それが脳科学を敵視するのは、一種の近親憎悪なのである。つまり、どちらも心と生命に関する根本的洞察がなされていない。

とにかく意識や心の本質を理解しようとするなら、主観性の足枷を外して生命の贈与的本質に思いを馳せなければならない。そして、それは脳と心の関係の理解にも生かされることになるであろう。

七　君自身にではなく自然に還れ

「君自身に還れ。真理は外の世界にではなく君自身の内面奥深くに隠されている」。このような考え方は古くから存在したし（代表者はフィヒテ）、現在もその追従者は後を絶たない。この内面主義に対立する立場は、社会的現実を重視する共同体主義である。また自然を賛美するナチュラリストも内面への偏向に警鐘を鳴らしてきた。一般に観念論者は内面性を重視し、実在論者は外的環境世界という外面性に深く帰依する。

内面主義者は繊細すぎるし、外面主義者は粗野である、という考え方があるが、この対立を生命的自然に向けて乗り越える方途も存在する。この立場では、自己の内面は生命的自然に対して開かれており、自己の内面に深く沈潜し、その根底に至ると自己が突き破られて、大いなる生命の開けに到達する、とされる。

自然は、普通、外的世界に存在すると思われているが、我々の内面も遺伝子に刻印された生命的自然によって満たされている。意識の働きもまた、この生命的自然の賜物である。そこで、「君自身の内面にではなく、君自身の内なる自然に還れ。そして内部と外部の対立を克服して、大いなる生命の連鎖に帰依せよ」という主張は自と現れてくる。ただしこの際、「内なる自然」の「内」に重きを置くと、内面主義の主張と大差がなくなる。肝要なのは深みへの超越ではなく、隣人への、つまり横への超越なのである。

私と君は、大いなる生命の連鎖のうちにある同胞である。それゆえ、自己の意識の奥深くを覗き込むことは、意識の脱自性、つまり他者志向を見出すことにつながる。つまり、consciousness のもつ conscience の側面が顕現してくるのである。そこでは自我が非我を定立するのではなく、私が君によって生命を吹き込まれる。すなわち、自我が非我によって自己中心性をなだめられる形で「対話的私」へと成長するのである。

ちなみに、以上のような晦渋な表現形態をとらなくても、「自然に還れ」ということの意味は理解できる。それは、我々はみな母なる自然から生まれ、いずれ草木に帰す、という古くから伝承されてきた民間思想を思い起こせば、すぐ分かることなのである。ただ、それを素直に受け容れずに、斜に構えて、「唯一無比のこの私」とか「外部から絶対知りえない内面的私秘性」とかを喧伝し、果てには超自然的精神主義を主張しだす輩が後を絶たないので、「自然に還れ」ということの深い意味を改めて確認しなければならないのである。そして、そのためには内面性と生命的自然の関係についての右のような説明が必要なのである。

内面に還る働きとしての我々の意識には、逆説的だが、内面を突き破って外部に還る働きが備わっている。なぜなら「私の意識」は、もともと「我々の意識」であり、そのようなものとして大いなる生命の輪の構成要素だからである。そして、このことを感得せしめるのは、自然の存在に面しての驚嘆の念である。夕日の美しさでも小鳥のさえずりでもナイヤガラの滝でも霊峰富士の秀麗さでも北斗七星でも何でもよい。自然の生命の息吹に触れる体験なら何でも我々に自然が魂の故郷(ふるさと)であることを感得せしめるのである。

夏目漱石は則天去私という理想を晩年に信奉したが、その姿勢には不自然さが伴っている。「私」は捨て去られる必要はない。ただ私の内面的意識を他者との共同生活を円滑にするための道具と心得、死の恐怖をいたずらに乗り越えようとせず、無邪気に恐れおののいて、そのうちポックリ死ねばよいだけなのである。人間における死の恐怖は、殺戮を本能的に避けるためにあるもので、死後の世界を示唆するものなどではない。その意味で、坊主丸儲けに奉仕する形で我執を捨てる必要などない。スピリチュアルにはめようとする金儲け主義などもってのほかである。

『叫び』で有名なノルウェーの天才画家ムンクは、長年の内的葛藤の末に自然との合一感に到達し、その感慨を巨大な太陽壁画として描き出した。それはすべての否定と対立を肯定と宥和へと止揚する弁証法的光の生命性を象徴している。自己への沈潜もけっこうだが、自己の内面における意識の循環は、自然の生命性から逸脱し、破局につながることが多い。それは、失われた自己の起源をひたすら独我論的自己の内面に求める姿勢に災いされた結果であり、自己の起源からますます遠のくばかりである。失われた自己の起源は、やはり内面にではなく、大いなる外的自然界にあったのだ。

練習問題

(1) 心の哲学（認知神経哲学）と脳科学では、脳と心の関係の考察方法がどのように違うだろうか。

(2)「ソクラテスの脳を調べれば彼の意図が分かる」という主張の欠陥を「脳は心的内容の受け皿にすぎない」という観点から説明しなさい。

(3) ロボトミーの失敗は何に由来していたのだろうか。それについて精神病における脳の社会的病理という観点から説明しなさい。

(4) 脳の内部の情報処理の様式が外的環境世界の情報構造を反映する、とはどういうことであろうか。

(5) 社会性のない心脳関係論の例を挙げ、その弊害について説明しなさい。

(6) 主観性の自己欺瞞というようなことは考えられないであろうか。あるとすれば、それはどういう思考傾向に由来するのだろうか。

(7) 心の本質の理解のためには、なぜ主観性よりも生命を重視しなければならないのだろうか。

(8) 自分の内面性を突き抜けて自然に還るための方法論を提示しなさい。

参考文献

（以下に挙げる文献は、各章の論述の構成に直接寄与したものとともに、さらに参照してほしいものも含んでいる。できるだけ多くのものを読んだ方がよいが、全く読まなくても別にかまわない。本書は、基本的知識と思考力だけでも十分味わえると思う。）

第1章

（1）プラトーン『ソークラテースの弁明・クリトーン・パイドーン』田中美知太郎・池田美恵訳、新潮文庫、一九九〇年
（2）アリストテレス『心とは何か』桑子敏雄訳、講談社学術文庫、二〇〇五年
（3）アリストテレス『形而上学』（上・下）出隆訳、岩波文庫、一九八〇年
（4）デカルト『方法序説』落合太郎訳、岩波文庫、一九八〇年
（5）G・ライル『心の概念』坂本百大他訳、みすず書房、二〇〇一年
（6）D・M・アームストロング『心の唯物論』鈴木登訳、勁草書房、一九九六年
（7）P・S・チャーチランド『ブレインワイズ――脳に映る哲学』村松太郎訳、創造出版、二〇〇五年
（8）A・N・ホワイトヘッド『自然という概念』藤川吉美訳、松籟社、一九八二年
（9）W・ジェームズ『純粋経験の哲学』伊藤邦武訳、岩波文庫、二〇〇四年
（10）W・ジェームズ『宗教的経験の諸相』（上・下）桝田啓三郎訳、岩波文庫、二〇〇四年
（11）W・ジェームズ『心理学』（上・下）今田寛訳、岩波文庫、二〇〇二年

第2章

（1）プラトーン『ソクラテスの弁明・クリトーン・パイドーン』↓第1章、文献（1）参照
（2）M・ブンゲ『精神の本性について』黒崎宏訳、米澤克夫訳、産業図書、一九八四年
（3）A・スコット『心の階梯』伊藤源石訳、産業図書、一九九七年
（4）D・J・チャーマーズ『意識する心』林一訳、白揚社、二〇〇一年
（5）B・ラッセル『心の分析』竹尾治一郎訳、勁草書房、二〇〇四年
（6）アリストテレス『心とは何か』↓第1章、文献（2）参照

第3章

（1）中村雄二郎『臨床の知とは何か』岩波新書、一九九二年
（2）H・エー『ジャクソンと精神医学』大橋博司他訳、みすず書房、一九七九年
（3）M・ハイデガー『ツォリコーン・ゼミナール』木村敏・村本詔司訳、みすず書房、一九九一年
（4）P・M・チャーチランド『認知哲学――脳科学から心の哲学へ』信原幸弘・宮島昭二訳、産業図書、一九九七年
（5）拙著『時間・空間・身体――ハイデガーから現存在分析へ』醍醐書房、一九九一年
（6）拙著『脳と精神の哲学――心身問題のアクチュアリティー』萌書房、二〇〇一年
（7）池見酉次郎『心療内科』中公新書、一九七七年
（8）森本兼曩『ストレス危機の予防医学』NHKブックス、一九九七年
（9）E・L・ロッシ『精神生物学――心身のコミュニケーションと治癒の新理論』伊東はるみ訳、日本教文社、一九九九年

(10) 篠永正道監修・中井宏編『むち打ち症はこれで治る！』日本医療企画、二〇〇二年
(11) メルロ=ポンティ『知覚の現象学』（上・下）竹内芳郎他訳、みすず書房、一九八七年
(12) 宮本省三『リハビリテーション・ルネサンス』春秋社、二〇〇六年

第4章

(1) G・H・ミード『精神・自我・社会』河村望訳、人間の科学社、二〇〇二年
(2) W・ジェームズ『純粋経験の哲学』↓第1章、文献（9）参照
(3) 苧阪直行編『脳と意識』朝倉書店、一九九七年
(4) メルロ=ポンティ『眼と精神』滝浦静雄・木田元訳、一九九七年
(5) メルロ=ポンティ『知覚の現象学』↓第3章、文献（11）参照
(6) 拙著『意識の神経哲学』萌書房、二〇〇四年
(7) 拙著『自我と生命――創発する意識の自然学への道』萌書房、二〇〇七年
(8) デカルト『省察』山田弘明訳、ちくま学芸文庫、二〇〇六年
(9) パスカル『パンセ』田辺保訳、角川文庫、一九八四年
(10) バークリ『人知原理論』大槻晴彦訳、岩波文庫、二〇〇四年
(11) M・ハイデガー『存在と時間』原佑・渡辺二郎訳、中央公論社、一九九三年
(12) L・ウィトゲンシュタイン『哲学探究』藤本隆志訳、大修館書店、一九八一年
(13) A・C・グレーリング『ウィトゲンシュタイン』岩坂彰訳、講談社、一九九四年
(14) T・ネーゲル『コウモリであるとはどのようなことか』永井均訳、勁草書房、一九九六年
(15) N・ハンフリー『内なる目――意識の進化論』垂水雄二訳、紀伊國屋書店、一九九四年

（16）W・ジェームズ『心理学』→第1章、文献（11）参照

第5章

（1）D・J・チャーマーズ『意識する心』→第2章、文献（4）参照
（2）D・デネット『解明される意識』山口泰司訳、青土社、一九九八年
（3）拙著『脳と精神の哲学――心身問題のアクチュアリティー』→第3章、文献（6）参照
（4）拙著『意識の神経哲学』→第4章、文献（6）参照
（5）村田純一『色彩の哲学』岩波書店、二〇〇二年
（6）N・ハンフリー『赤を見る――感覚の進化と意識の存在理由』柴田裕之訳、紀伊國屋書店、二〇〇六年
（7）N・ハンフリー『内なる目――意識の進化論』→第4章、文献（15）参照
（8）野村順一『色彩生命論――イリスの色』住宅新報社、一九九六年
（9）E・フッサール『イデーン』Ⅱ―Ⅰ、立松弘孝・別所良美訳、みすず書房、二〇〇一年
（10）メルロ＝ポンティ『知覚の現象学』→第3章、文献（11）参照
（11）J・デューイ『経験と自然』河村望訳、人間の科学社、一九九七年
（12）信原幸弘『意識の哲学――クオリア序説』岩波書店、二〇〇二年
（13）J・M・オールマン『進化する脳』（別冊 日経サイエンス133）養老猛司訳、日経サイエンス社、二〇〇一年

第6章

（14）馬場悠男編『人間性の進化』（別冊 日経サイエンス151）日経サイエンス社、二〇〇五年

（1）L・v・ベルタランフィ『生命――有機体論の考察』長野敬・飯島衛訳、みすず書房、一九八五年
（2）H・ドリーシュ『生気論の歴史と理論』米本昌平訳・解説、書籍工房早山、二〇〇七年
（3）清水博『生命と場所――意味を創出する関係科学』NTT出版、一九九二年
（4）U・マトゥラーナ／F・ヴァレラ『知恵の樹』管啓次郎訳、ちくま学芸文庫、二〇〇一年
（5）河本英夫『オートポイエーシス――第三世代システム』青土社、一九九九年
（6）H・ベルクソン『創造的進化』岩波文庫、一九九〇年
（7）A・N・ホワイトヘッド『思考の諸様態』藤川吉美・伊藤重行訳、松籟社、一九九九年
（8）拙著『自我と生命――創発する意識の自然学への道』↓第4章、文献（7）参照
（9）M・ハイデガー『存在と時間』↓第4章、文献（11）参照
（10）M・ハイデガー『杣径』〈全集〉第五巻、茅野良男／H・ブロッカルト訳、創文社、一九八八年
（11）竹田純郎他編『生命論への視座』大明堂、一九九八年
（12）D・デネット『ダーウィンの危険な思想――生命の意味と進化』山口泰司監訳、青土社、二〇〇一年
（13）J・R・サール『Mind――心の哲学』山本貴光・吉川浩満訳、朝日出版社、二〇〇六年

第7章

（1）D・デネット『自由は進化する』山形浩生訳、NTT出版、二〇〇五年
（2）W・ジェームズ『心理学』↓第1章、文献（11）参照
（3）P・S・チャーチランド『ブレインワイズ――脳に映る哲学』↓第1章、文献（7）参照
（4）J・R・サール『Mind――心の哲学』↓第6章、文献（13）参照
（5）J・M・シュウォーツ『心が脳を変える――脳科学と「心の力」』吉田利子訳、サンマーク出版、二〇〇

四年
（6）R・G・スティーン『DNAはどこまで人の運命を決めるか』小出照子訳、三田出版会、一九九八年
（7）G・H・ミード『精神・自我・社会』↓第4章、文献（1）参照
（8）メルロ゠ポンティ『行動の構造』滝浦静雄・木田元訳、みすず書房、一九九一年
（9）A・R・ダマシオ『無意識の脳　自己意識の脳』田中三彦訳、二〇〇三年
（10）B・リベット『マインド・タイム――脳と意識の時間』下條信輔訳、岩波書店、二〇〇五年
（11）D・デネット『解明される意識』↓第5章、文献（2）参照
（12）T・ノーレットランダーシュ『ユーザーイリュージョン――意識という幻想』柴田裕之訳、紀伊國屋書店、二〇〇二年
（13）湯浅泰雄『身体論――東洋的心身論と現代』講談社学術文庫、一九九五年
（14）拙著『自我と生命――創発する意識の自然学への道』↓第4章、文献（7）参照
（15）池田善昭『システム科学の哲学――自己組織能の世界』世界思想社、一九九一年

第8章

（1）P・S・チャーチランド『ブレインワイズ――脳に映る哲学』↓第1章、文献（7）参照
（2）P・M・チャーチランド『認知哲学――脳科学から心の哲学へ』↓第3章、文献（4）参照
（3）D・デネット『解明される意識』↓第5章、文献（2）参照
（4）拙著『脳と精神の哲学――心身問題のアクチュアリティー』↓第3章、文献（6）参照
（5）拙著『意識の神経哲学』↓第4章、文献（6）参照
（6）矢沢サイエンスオフィス編集『最新脳科学――心と意識のハード・プロブレム』学習研究社、一九九七年

（7）R・カーター『脳と意識の地形図』藤井留美訳、原書房、二〇〇三年
（8）プラトーン『ソークラテースの弁明・クリトーン・パイドーン』↓第1章、文献（1）参照
（9）品川嘉也『意識と脳――精神と物質の科学哲学』紀伊國屋書店、一九九〇年
（10）岡田文彦『精神分裂病の謎――精神外科の栄光と悲惨』花林書房、一九九八年
（11）G・H・ミード『精神・自我・社会』↓第4章、文献（1）参照
（12）拙著『自我と生命――創発する意識の自然学への道』↓第4章、文献（7）参照
（13）J・デューイ『民主主義と教育』（上・下）松野安男訳、岩波文庫、二〇〇四年
（14）フィヒテ『全知識学の基礎』（上・下）木村素衛訳、岩波文庫、一九八五年

あとがき

心の哲学は現代哲学のトレンドである。その直接のルーツは前世紀の英米の哲学界を風靡した分析哲学にあるが、本書ではそれにこだわらないで、視野を広く保ち、かつ事象そのものに肉薄する姿勢を前面に打ち出した。そもそも「心」は古代ギリシャ以来の西洋哲学の根本問題である。それは自我と意識の問題に収斂するが、それにとどまらない。「生命」という重要な契機をぜひ取り入れなければならないのである。その理由は、本書で論じ尽くした。

なぜ、この宇宙に意識をもった生命体が存在するに至ったのか。それは永遠の謎である。その過程を生命進化史から説明することは比較的容易であるが、「それがそもそもある」という事実は我々に驚異の念を引き起こさずにはいない。古来、哲学者は、こうした驚異の念（タウマツェイン）を抱いて哲学し始めたのである。ちなみにエックルスやハメロフなどの脳科学者も、この思念を介して心脳問題に専心するようになったことを告白している。

「なぜ心が存在し、このような精妙な働きをもっているのか」を解明することは「どのようにして心の機能がこのような構成をもつに至ったのか」を因果論的に説明することとは別である。これは心の本質に関する why とそれの性質に関する how の違いを表している。

ところで、「哲学はwhyを問い、科学はhowを問う」とはよく言われることだが、この単純な二分法は現代の心の哲学（認知神経哲学）には適用できない。現代の心の哲学の専攻者のほとんどは心の諸科学に精通している。肝要なのは、howをwhyによって深め、かつwhyをhowによって現実に引き戻し、思弁に歯止めをかけることである。その際、人間的現実が引き止め役を果たす。人間的現実を離れた心の概念は、常に空虚な思弁に堕す危険性を孕んでいるのである。

「心とは何か」という問いは、問う者自身の意識によって生じるものだが、その根底にはその人の「いのち」が控えている。つまり、生命の奥深い働きが、意識を介してその人に心の本質を問わせるのである。ここには生命の循環的構造とそれに相即した意識の再帰性が表れている。

「心」とは意識と生命の統合体にほかならない。本書は入門書の枠を超えて、この統合体の本質に肉薄しようとした一つの試みであった。いのちには限りがあるが問いかけと探求は無限である。本書の読者が、筆者の問いかけから何らかのヒントを得て、新たな問いの地平を切り拓いてくれることを期待して止まない。

二〇〇七年四月二五日　新緑の季節を前にして

河村次郎

■著者略歴

河村次郎（かわむら　じろう）

1958年　青森県むつ市に生まれる
1984年　東洋大学文学部哲学科卒業
1991年　東洋大学大学院文学研究科博士課程単位取得退学
現　在　東洋大学非常勤講師
著　書
『時間・空間・身体――ハイデガーから現存在分析へ――』（醍醐書房，1999年）
『脳と精神の哲学――心身問題のアクチュアリティー――』（萌書房，2001年）
『意識の神経哲学』（萌書房，2004年）
『自我と生命――創発する意識の自然学への道――』（萌書房，2007年），他。
訳　書
メダルト・ボス『不安の精神療法』（解説つき：醍醐書房，2000年）

心の哲学への誘い

2007年10月30日　初版第1刷発行

著　者　河村次郎
発行者　白石徳浩
発行所　萌（きざす）書房
〒630-1242　奈良市大柳生町3619-1
TEL（0742）93-2234 / FAX 93-2235
［URL］http://www3.kcn.ne.jp/~kizasu-s
振替　00940-7-53629

印刷·製本　共同印刷工業・藤沢製本

ISBN978-4-86065-030-8